「馬」が動かした日本史

蒲池明弘

JN018842

文春新書
1246

「馬」が動かした日本史●目次

第四章

序章　「馬の日本史」のはじまり

序章　「馬の日本史」のはじまり

五世紀、日本列島に馬は広がった

最もシンプルな歴史の理解は、大きな出来事や社会変動を境界線として、時間の流れを二つに分けることだ。本書で取り上げる境界線は「馬」である。

縄文時代、弥生時代の日本列島に馬はいなかった。馬の飼育という新しい文化が朝鮮半島から持ち込まれ、広がってゆくのは五世紀前後の時期、古墳時代中期の出来事だ。各地の遺跡から出土した「馬の骨・歯」「馬具」「馬の形の埴輪」という三つの遺物が、五世紀ごろに馬の飼育が定着した証拠とされている。

五世紀末ごろには岩手県南部で馬が飼われていた痕跡があり、奈良時代になると、青森県など東北北部が国内有数の馬産地として頭角をあらわしてくる。馬の飼育という文化が短期間に広がったのは、後で詳しく述べるが、日本には「草原の国」としての一面があり、馬の成育にふさわしい環境に恵まれていたからだ。

輸送、通信、農作業など、馬にはさまざまな用途があるが、五世紀前後、日本列島にこの動物が持ち込まれたのは軍事利用のためだった。そうした背景もあって、「馬の日本史」の始まりは武士の誕生の前史と重なっている。各地の馬牧《うままき》（馬の飼育場）は武士が勢力を養う拠点地でもあったからだ。

本稿のプランは馬と武士をキーワードとして、日本列島の歴史と地理を立体的に描きだすことだ。それによって、これまで未解明だったいくつかの謎に迫ることができるのではないかと目論んでいる。歴史の真実にどれほど接近できたかは、読んでくださる方々に判定していただくしかないが、新たな視点や有益なデータを提供できると確信している。

解明を目指す日本史の謎を、三項目あげておきたい。

①なぜ、縄文文化は東日本で、弥生文化は西日本で栄えたのか。
②なぜ、世界遺産に登録された仁徳陵《にんとくりょう》古墳、応神陵《おうじんりょう》古墳など巨大な前方後円墳は、ヤマ

ト王権の中心とされる奈良ではなく、大阪にあるのか。

③なぜ、武士政権は東日本の鎌倉で誕生したのか。

江戸時代まで通貨の役割さえ担っていたコメの文化の陰に隠れて、馬の文化の歴史的な影響力は過小評価されがちだ。しかし、馬の普及期である五世紀を境界線として、それ以前とそれ以後の日本は、まったく別の国に見えるほど変貌している。日本社会に与えた衝撃《インパクト》において、馬の普及は水田稲作の普及（弥生時代のはじまり）に匹敵するのではないか――。そんな仮説的な見通しをもちつつ、話を進めてゆこう。

魏志倭人伝が証言する「馬のいない日本」

人類が馬を家畜化した時期については、いまだ定説が見えないが、五、六千年前くらいというのが大まかな見通しとされている。日本列島では縄文時代がつづいているころだ。ユーラシア大陸の草原地帯のどこかで、人間は野生の馬を家畜化することに成功し、乗馬の文化は、ヨーロッパ、アラビア、中国に広がった。

考古学のデータは、縄文時代、弥生時代の日本に馬がいなかったことを示しているが、それを裏付けるのが、いわゆる「魏志倭人伝」である。魏《ぎ》・呉《ご》・蜀《しょく》時代の中国の史書「三国志」に収められた日本についての報告だが、邪馬台国の時代（三世紀ごろ）の日本には、牛、馬、虎、豹、羊、鵲《かささぎ》がいなかったと記録されている（原文「其地無牛馬虎豹羊鵲」）。

日本史でいえば弥生時代後半の時期から、朝鮮半島では馬の利用が始まっている。日本列島と朝鮮半島との交易は弥生時代にもあったので、当時の日本には馬の存在を知ってぃる人がいたはずだ。一頭、二頭というレベルで、馬がもちこまれた形跡もある。しかし、当時の日本社会に馬は根づいていなかった。

なぜ、日本では馬の普及が遅れたのか。

これについて、考古学者の桃崎祐輔氏は、騎馬文化にかんするシンポジウムで、「日本列島に朝鮮半島から馬が来る契機はたくさんあったはずなのに、この段階まで遅れたのは、たぶん朝鮮半島側で技術流出を恐れていたからでは」（『騎馬文化と古代のイノベーション』）と発言している。世界の歴史のなかで馬は、軍事力の根幹だった。「ウマの取引にはさまざまな制約があった。ひとつには安全保障上の理由——すなわち軍事的優位を守るためだ」（J・E・チェンバレン『馬の自然誌』）というのは当然のことだ。

中国の史書に馬についての記述があるのも、本来の読者である中国の為政者の関心に沿ったものだ。馬をそれぞれの国・地域がどれくらい保有しているかは、軍事と経済にかんする重要な情報だったのだ。

「魏志倭人伝」には、馬がいないこと、弓矢、矛、楯などの武具があることなどが記述されている。弓矢には鉄の矢尻のほか、動物の骨の矢尻を使うと書かれているのは、中国や朝鮮半島では、骨の矢尻を見ることが珍しかったからではないか。当時の日本は鉄を自給できず、朝鮮半島からの輸入に頼っていた。骨の矢尻という記述からも、鉄が不足気味であった状況がわかる。

「三国志」は、各国・地域の住民の兵士としての能力にも注目しており、「人々は勇気があり、戦いになれてい（る）」（高句麗《こうくり》／朝鮮半島北部）、「人々は身体がごつく、性格は勇猛」（夫余《ふよ》／中国東北部、満州地方）などの記述があるが、倭国についてそうした評価は見えない（現代語訳は、講談社学術文庫『倭国伝』）。武器作りに欠かせない鉄を自給できず、軍事力の根幹である馬も持っていないのだから当然だが、当時の日本は軍事的には警戒不要の小国と見られている雰囲気だ。

軍事国家に変貌した日本

それからしばらく、古代中国の記録に日本のことは出てこない。邪馬台国の時代から百五十年ほどあとの五世紀、中国南部を統治した宋の時代についての史書「宋書」には、日本の王の使者が、皇帝への貢ぎ物をもって、宋王朝に来訪したと記録されている。日本の五人の王の名前は讃・珍・済・興・武。いわゆる「倭の五王」の時代は古墳時代中期の五世紀、日本列島における馬の普及期と重なる。五人がどの天皇（あるいは天皇以外の人物）に対応するかについては諸説紛々だが、倭王の「武」を雄略《ゆうりやく》天皇（オオハツセノワカタケル）とする説などがある。

「倭の五王」は朝鮮半島における軍事的な利権を認めるよう中国の宋王朝に働きかけ、その一部は認められている。邪馬台国の時代の三世紀半ば、軍事的にはノーマークだった倭国が、五世紀前後の時期、朝鮮半島で軍事活動を重ねている。半島諸国の政治にも介入し、東アジアの国際政治の舞台で、彼の地での利権さえ主張しているのだ。

なぜ、四世紀をはさんで、古代の日本は、突然、軍事的国家に変貌したのか――。これは日本史における大きな謎のひとつである。本稿では、馬の普及によって古代日本の軍事力が飛躍的に増強されたという可能性を探ってみたい。

日本列島で馬の飼育が広がってゆくとき、朝鮮半島からの渡来人が活躍している状況が考古学の調査によって明らかになっている。安全保障上の観点から、何百年にもわたって馬の流出を防いでいたのならば、どうして正反対といえる行動が見うけられるのだろうか。白石太一郎氏をはじめとする考古学者によって示されている説は以下のようなことだ。

四世紀以降の朝鮮半島では、高句麗、百済《くだら》、新羅《しらぎ》のほか、半島南部の加羅《から》諸国もふくめて群雄割拠し、戦いが絶えなかった。やがて半島北部を領し、騎馬戦力に優れた高句麗が強大化して、ほかを圧迫するようになる。百済や加羅諸国は日本に軍事支援を要請するとともに、馬の飼育の専門家を派遣するなどして、日本での馬産地づくりに協力した。日本は高句麗との戦いを通して、軍事における馬の重要性を痛感していたから、馬産地の拡充を国策として推進した――という説だ。

関西だけでなく、関東や九州の馬産地でも朝鮮半島系の土器などの遺物が見つかっていることが、朝鮮半島の人たちによる技術協力の根拠とされている。

朝鮮半島の人たちが〝親切心〟によって、日本の馬産地づくりを手伝ったわけではないだろう。いつの時代であれ、隣国の軍事力が増強されるのを歓迎する国はないからだ。当然、ギブアンドテイクの関係があったと想定される。

しかし、その後の歴史のなかで現実に起きたことは、軍事的な国家に様変わりした日本が朝鮮半島に進出し、利権さえ主張するようになったことだ。朝鮮半島の人たちにとって、望ましくない状況が出現したことになる。

なぜ、そのような事態が生じたのだろうか。日本列島と朝鮮半島の「馬の歴史」に手がかりを求めてみたい。

朝鮮半島に馬は少なかった

この本を書くための資料を探しているとき、世界各地に生息している馬を網羅的に紹介する“Horses of the World”という本（フランス語からの英訳本）が、東京都立図書館の書架にあったので、手に取ってみた。馬に関する本の多くは、サラブレッドを最高峰に位置づけ、それ以外の馬は補足的に紹介するだけだが、この本の著者エリーズ・ルソー氏の視点はその正反対だ。世界各地の自然条件や人びとの暮らしに適応するなかで、馬は独自の小進化をとげて、それぞれに異なる体形、能力、外観をもっている。その個性に価値があるというのだ。

それぞれの馬種の歴史には、その国や地域についての貴重な情報が隠されている――というこの著者の視点は、日本の馬の歴史を考えるうえでも有益だ。古墳時代に日本列島にもちこまれた馬は、風土に適応しながら、どのような小進化をとげ、いかなる性質の馬になったのか。日本の歴史にどのような影響を与えたのか。それは本稿のテーマのひとつである。

“Horses of the World”には、世界各地の歴史のなかから生みだされた馬が、三百種類ほど掲載されている。そのリストにみえる日本の馬は、宮崎県にいる御崎馬《みさきうま》、長野県の木曾馬、愛媛県の野間馬《のまうま》、北海道和種（道産子）、離島にしかいない独自の馬種である対馬《つしま》馬《うま》（対州馬《たいしゅうば》）、トカラ馬、宮古馬、与那国馬に、近代になって生まれた労働用の「ばんえい馬」を加えた九種類。意外だったのは、日本の馬文化の源流とされる韓国・朝鮮エリアにいる固有の馬が一種類だけであることだ。しかもそれは朝鮮半島から離れた済州《チェジュ》島の馬である。

ベトナム、タイ、フィリピンなども一、二種類だが、インドネシアは十三種類で、北部に広大な草原のある中国をのぞけば東アジアのトップ、次に多いのは日本となっている。インドネシアと日本、その共通点は世界最大級の火山島であること。済州島も風景美を誇る世界自然遺産の火山島だ。環太平洋火山帯に連なる東アジア世界では、火山の地質に由来する「火山性草原」が独自の馬文化をはぐくんできたことがわかる。

この本のリストにある馬種でいうと、日本の九種類に対して、韓国・朝鮮は一種類である。「馬の歴史」としてこれを俯瞰すれば、日本列島では各地で馬が飼育され、それぞれの地方の自然環境や日々の営みに適応しながら、体形や性質の異なる馬が形成されたことがわかる。一方、朝鮮半島の馬文化は低調であったと言わざるをえない。

古代、中世についての記録はないが、近代については確実なデータがある。「韓国併合」により、朝鮮半島が日本の統治下に入った一九一〇年（明治四十三年）、現在の北朝鮮と韓国をあわせた地域には約三万九千頭の馬が飼育されていた（朝鮮総督府殖産局『朝鮮の農業』一九二四年版）。政府の統計によると、同じ年、日本国内には約百五十六万頭の馬が飼育されている。韓国・朝鮮エリアの四十倍である。

日本側の統計は明治初頭にさかのぼり、百万頭台の数字が残っているので、江戸時代もだいたいその程度で推移していたことが想定できる。朝鮮半島についても、同じことが言える。馬の数で日本が朝鮮半島を上回るという傾向は、相当古い時代にも当てはまると思う。農業・畜産はそれぞれの国や地域の自然環境に依存する産業であるからだ。

明治時代以降、馬にかかわる人たちの関心は、軍馬と力仕事に役立つ大型馬の育成にあった。国内では欧米から輸入された馬との混血による〝改良〟が進むのだが、朝鮮半島の土着の馬については、「矮小微力《わいしょう》にして到底、改良馬産出の基礎たらしむるに足らざる」（朝鮮総督府殖産局『朝鮮の農業』）という低い評価だ。ただ、中国北部と接する朝鮮半島の最北部にはやや大きめの馬がいたらしい。

「三国志」にも、高句麗の項目に「其馬皆小」と記述されている。古代の朝鮮半島では高句麗が騎馬戦力で他の地域を圧倒していたと見なされている。その高句麗でさえ、あまり良い馬はいなかったという証言である。

近代の記録をみると、韓国・朝鮮エリアの馬のうち、半分以上を済州島の馬が占めているのだから、朝鮮半島そのものの馬はさらに少なかったことになる。なぜなのか。それを考えるヒントが、土壌研究を専門とする農学者、藤原彰夫氏の『土と日本古代文化』にあった。

遊牧騎馬民族は、東には草原土壌のある中国東北部まで、その文化を拡張してきた。しかし、朝鮮半島には本格的な草原土壌が無いので、征服はするものの、大規模に移民することは不可能であった。このかたちは、高麗を征服した元朝との関係をみれば

よく分かる。（傍線は引用者が記入。以下の引用文についても同様。誤植の疑いのある一文字を変更）

馬の繁殖に必要なのは、馬のエサが豊富な天然の草原だ。肝心の草原が朝鮮半島には乏しかったのだ。その結果、大きな馬産地は成立しなかったと考えられる。

ただ、高句麗は現在の中国東北部にも領土を広げていたので、そこにはモンゴルから続く草原があった。騎馬遊牧民の社会と国境を接しているので、騎馬文化や馬そのものを入手するうえで地の利がある。しかし朝鮮半島の南側をみると、最大の馬産地は済州島であり、古代にどの程度の馬産地であったかもはっきりしない。そもそも、小さな火山島だから規模にも限界がある。馬に関する力関係では、北方の高句麗が、百済をはじめとする南側の国々より有利であることは明らかだ。

朝鮮半島、とくにその南部は、質、量ともに馬が乏しく、外部から調達する必要があった。高句麗に阻まれ、北方の草原地帯へのアクセスが困難な半島南部の人たちにとって、馬の不足は深刻な問題であったはずだ。

戦争が続き、馬への需要が高まったとき、朝鮮半島あるいは大陸から馬の専門家が続々と日本に渡来したといわれている。考古学の知見によって示されていることだが、文字記録がほとんどないので、その背景はわかっていない。東アジアにおける草原分布をふまえて想像をめぐらすならば、朝鮮半島南部の人たちが、日本列島に注目したのは、そこに馬の飼育にふさわしい草原的な風景が見えたからではないだろうか。

大陸・半島に住む人の視点で東アジアの歴史を書くとすれば、五世紀前後に起きたことは、「草原の国としての日本」の発見ではないだろうか。北米大陸のゴールドラッシュのとき、腕に覚えのある男たちが世界各地から殺到したのに似て、日本列島の草原を求めて、大陸・半島から馬飼いの専門家が押し寄せたと考えてみたい。

従来の研究では、日本と朝鮮半島の国々との軍事的な提携関係が強調されているが、古代の馬飼いはもっと個人レベルの利益のために、危険をおかして海峡を渡り、日本列島で馬の飼育を始めたということもありうる。五世紀前後の日本列島で始まった馬の飼育は、古代の冒険的事業《ベンチャー・ビジネス》だったのかもしれない。

「草原の国」としての日本

日本の歴史を考えるうえで、きわめて重要であるにもかかわらず、従来、軽視されていたことがある。それは、日本には「草原の国」としての一面があることだ。一説によると、縄文時代は列島の三割を草原的な環境が占めていたともいう。中国東北部からモンゴルに至る大草原をのぞけば、東アジア、東南アジア地域のなかで、日本は有数の草原のある国であり、それを背景とする馬産地が関東、東北、九州などに形成された。

草原というと、モンゴルやアメリカ大陸の大草原の印象が強いかもしれないが、典型的な日本の草原は、エノコログサ（ネコジャラシ）、ススキなどの生えた原野である。私たちにとって身近な原っぱ、草原《くさはら》の風景だが、これらの雑草が馬にとっては格好のエサとなった。

世界地図のうえで主要な草原は、やや冷涼な高緯度地帯に広がっている。降水量が少なく、樹木が地中から十分な水分を吸い上げられない環境が、そうした草原の風景をつくっている。水の工面ができない限り、農業には向いていない土地であり、ユーラシア大陸の草原は、モンゴル人、匈奴《きょうど》をはじめとする騎馬遊牧民が活躍した舞台だった。

一時代前の植物学の研究によると、平均気温が高く、雨量の多い日本列島では、自然状態での植生（地域ごとの植物集団の状態）は森林に向かうので、千年単位の期間と相当の広がりをもつ天然の草原は成立しないとされていた。

それにもかかわらず、日本列島にそうした自然草原があったことを示す証拠が次第に増えている。現在の日本の国土に占める草原の比率は数%だが、人口が増えて農地開拓が進んだ明治、大正時代でさえ、国土の一割以上は草原の植生だったと推定する専門家は少なくない（須賀丈ほか『野と原の環境史』）。

こうした日本列島の草原的環境に、最も適応した野生動物のひとつが鹿（ニホンジカ）である。現在の生息数は三百万頭弱とされるが、少し油断すると増加してしまい、農林業への被害が問題となるほどだ。本稿にとって鹿の分布や生態が重要な情報源であるのは、鹿の食糧となる草、木やササの葉は、馬のエサとほぼ重なっているからだ。

火山が日本の草原をつくった

朝鮮半島と日本列島は同じような緯度に位置し、双方とも国土の大半を温帯が占めている。それにもかかわらず、歴史的にみて、日本列島には草原の環境が目立ち、各地に馬産地ができたのに対し、朝鮮半島はそうならなかった。なぜなのだろう。

最大の原因は、火山の有無だと思われる。千年単位で続く草原的な環境が日本列島の各地にみえるが、その多くは火山活動に由来する「火山性草原」やシラス台地である。

日本列島には百を超える活火山があり、それを上回る死火山や活動を休止している火山がある。それに対して、韓国・朝鮮エリアには済州島など半島の南側にある火山島を除けば、中国との国境に白頭山という大きな火山があるくらいだ。

阿蘇山、霧島、八ヶ岳。火山の周辺に広い草原があることを、私たちは経験的に知っている。こうした「火山性草原」が、外国人観光客にも人気があるのは、日本列島を特徴づける美しい景観のひとつだからだ。火山エリアの草原は観光地、リゾート地として現在も大きな経済価値を有しているが、歴史的には馬や牛の放牧地だった。

火山のまわりに草原ができやすい第一の要因は、土壌の薄さにある。巨大な噴火によって死滅した植物が回復するのは、火砕流、溶岩が固まった岩石の上に土が堆積したあとだ。ほかの場所に比べて土壌の厚さが不足しているので、樹木が根をはり、十分な水分、栄養分を得ることは難しい。

もうひとつの要因は、透水性（水の通りやすさ）によって説明される。九州南部のシラス台地をはじめとして、火砕流を基盤として形成される土地は、透水性が高く、雨水は地下深くに移動する。そのため、樹木が十分な水を得て成長することができない。

噴火によって降り注ぐ火山灰も、短期的には植物に悪影響を与える。土壌、透水性、火山灰などさまざまな要因によって、火山の周囲では樹木の成育が阻まれ、きわめて長い期間、草原の環境が続くことになる。

日本列島でみられる草原の、もうひとつの代表例が「氾濫原草原《はんらんげん》」である。日本列島は台風、集中豪雨などまとまった雨が多いうえ、火山活動やプレートの運動による圧力によって、急傾斜の山がたくさんできている。そのため、流域の安定しない急流の川が多い。河川の氾濫は樹木が育つことを阻害するため、治水技術のない時代には、現在よりはるかに多くの草地が河川に沿って広がっていたことがわかっている。

火山性草原、氾濫原草原のほかにも、地質や気象条件によって、列島各地にまとまった面積の草原が存在することがわかってきた。さまざまなタイプの自然草原が馬の飼育にいかされ、独自の歴史をつくりだしていたことをこれから述べてゆきたい。

黒ボク土から見る草原の歴史

日本列島に自然草原が広がっていた歴史の痕跡であり、そうした草原の環境がつづく原因にもなったのが、「黒《くろ》ボク土《ど》」という土壌の存在である。

黒ボク土とは、関東、東北などの野菜畑、果樹畑でよく見かける黒っぽい土のことだ。

「黒ボク」という言葉は古くからある俗語で、黒ボコ、黒ボッコなど、地方によって呼び名はさまざまだ。農業の現場では、単に「黒土《くろつち》」とも呼ばれている。

黒ボク土はホクホクしており、手ですくい上げると、驚くほど軽い。この重量感も土の色も、草の葉などでできる腐植《ふしょく》に由来する。植物や微生物などの有機物が腐敗・分解してできる腐植が堆積し、日本列島にあまねく存在する火山由来の地質や火山灰の化学的性質を帯びることで、黒ボク土は形成される——と通説的には説明される。黒ボク土のある場所は、樹木があったとしてもまばらで、草原が多くを占める環境が長期間、続いていたことが想定されている。問題とされる時間は、千年単位だ。

28～29ページの**地図1**を見ていただきたい。地図上の灰色で塗られた部分では、黒ボク土が地表面をおおっている。国土の約三割を占め、火山帯に重なっている。かねてより注目されていたことだが、日本の馬産地は火山の多い黒ボク地帯にある。草原の植生が豊かで、馬の飼育に適しているからだ。

詳しくは第二章で述べるが、黒ボク土がいったん形成されると、この土の化学的な性質によって、樹木は成長するために必須であるリン酸を十分にとれなくなる。そのため、温暖で雨が多い日本列島であっても森林が形成されず、草原環境が長期間、つづくことになったようだ。同じ理由で、農地としての利用はなかなか進まなかった。

黒ボク土はその成因をふくめて謎の多い土壌だ。**地図1**で明らかであるように、黒ボク土は火山の多い東日本と九州南部に目立つが、火山活動と黒ボク土の関係は完全には説明されていない。火山のない地域にも、わずかではあるが黒ボク土が見えるからだ。

時間軸のうえでいうと、黒ボク土が日本列島に出現するのは、一万数千年前にはじまる縄文時代以降（一部地域は数万年前の旧石器時代）のことで、それ以前には存在していない土だ。黒ボク土の分布は、縄文時代、人口が多かった地域と重なっており、日本列島での人びとの営みと黒ボク土のあいだに強いつながりがあるのはまちがいない。これも黒ボク土をめぐる謎のひとつだが、縄文人が森林を伐採し、焼き払い、毎年の野焼きをくりかえしながら、草原を維持していたからだという議論もある。

黒ボク土には未解明の問題が多いものの、その空間的、時間的な分布は、馬の歴史、武士の歴史、そして「草原の国」としての日本の歴史を読み解くうえで、貴重なデータになると思う。黒ボク土に着目して、日本の歴史を考えてみることも、本稿のテーマのひとつである。

この黒ボク土と、日本の馬の風景は重なっている。松尾芭蕉とその弟子たちによって編

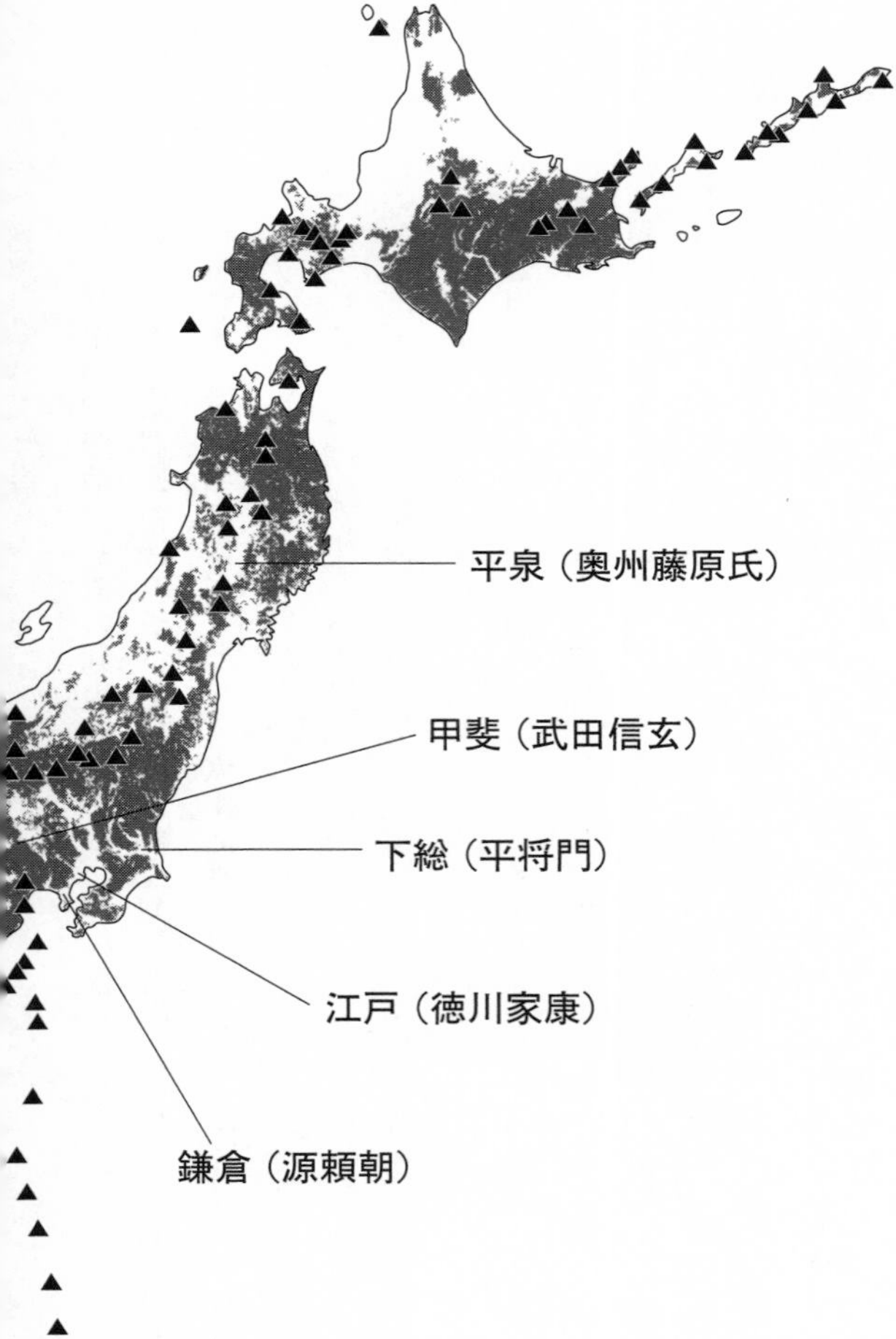
平泉（奥州藤原氏）
甲斐（武田信玄）
下総（平将門）
江戸（徳川家康）
鎌倉（源頼朝）

地図1　火山、黒ボク土、有力な武士の活動拠点は重なっている

農研機構「日本土壌インベントリー」をもとに作図。

まれた『猿蓑』に、「足袋《たび》ふみよごす黒ぼこの道／追《おつ》たてて早き御馬の刀持《かたなもち》」という表現が見える。

農林行政の分野では、土壌の性質を分類するための名称として、「黒ボク土」という言葉が使われている。黒ボク土は日本列島の三一％をおおっており、三〇％の「褐色森林土」とともに最も多い土壌だ。褐色森林土は山で見かけるごく普通の薄茶色の土で、過去に森林の植生が優勢であったことを示している。

黒ボク土は近年、日本列島の環境がどのように移り変わってきたかをめぐる議論でも注目されている。京都精華大教授の小椋純一氏は、『森と草原の歴史』でこう述べている。

> 黒ボク土が生成され始めた年代は、一部に二〇〇〇年前よりも新しいところもあるが、数千年から一万年前に遡るところが多いと考えられる。（中略）黒ボク土地帯の多くのところが、かつてそうした長い歴史のある草原地帯であったということになる。

一万年前、すなわち縄文時代のはじまりの時期から、日本列島の相当広い部分は森林ではなく、草原の環境であったというのだ。地中に残留している古い時代の植物の断片（プラントオパールや微粒炭）の分析によって、植物の種類や年代的な根拠が示されている。

戦後昭和期に、肥料などによる対策技術が確立するまで、黒ボク土は農地利用が難しい土壌だった。そうした土地を活用する手段のひとつとして、黒ボク土の草原地帯のうち、牧の条件に適した場所は放牧地とされ、馬産地が形成された。そのことと表裏一体の関係として、黒ボク地帯は武士たちの活躍する舞台となる。

関東に武士政権を築いた源頼朝、徳川家康。平安時代、関東の独立を目指したと伝わる平将門《たいらのまさかど》。東北で黄金文化を開花させた奥州《おうしゅう》藤原氏。甲斐国《かいのくに》（山梨県）の武田信玄。九州南部の島津氏。もちろん例外はあるが、国民的知名度を持つ武将の多くが、黒ボク地帯を軍事的な地盤としていたことがわかる。

さらに細かく見ると、伊勢国（三重県）に黒ボク地帯がある。平清盛を輩出した一族は伊勢平氏と称し、先祖代々の拠点地は三重県にあった。

黒ボク土から見ると、日本列島は大きく二つに分かれていることがわかる。火山帯と重なる黒ボク土が密集するエリア（東日本と九州南部）と黒ボク土がほとんど見えないエリア（関西、瀬戸内地方、九州北部など）である。前者では縄文文化が栄え、その後、武士の歴史が展開する。後者は弥生時代から奈良、平安時代へとつづく歴史の中心的な舞台となった。

野馬──謎の歴史を秘めた「半野生の馬」

現代の車社会に暮らす私たちが目にする馬といえば、競馬場で疾駆するサラブレッドくらいだろう。速く、美しく、体格も立派なサラブレッドこそ、馬の世界の王者であるように見える。しかし、サラブレッドは短距離レースでの勝利を目指して、改良を重ねてきた特殊な馬である。日本の戦国武将やモンゴルの騎馬戦士がサラブレッドに乗って出陣したとしても、使い物にならなかったはずだ。サラブレッドは病気やケガに強い馬とは言えないし、粗食に耐え、長い遠征を戦うスタミナにも欠けている。戦場で求められる闘争心にも疑問符がつく。餅は餅屋。馬にも向き不向きがある。

サラブレッドと比べて、日本固有の在来馬は小型で、不格好な体形で、走るのも遅いダメな馬たちであると言われることが多い。しかし、日本の馬の直接の先祖は、世界最強の騎馬軍団をつくりあげたモンゴル人の馬と同じである。けして弱い馬ではなかったはずだ。「馬の日本史」をとおして、いささかなりとも日本の馬たちの名誉回復ができないかとも考えている。

馬を去勢する習慣が日本社会に根付かなかったことと関係しているが、さまざまな文献を見ると、日本の馬の特徴として「荒々しさ」が指摘されていることが多い。「野生」という言葉さえ見る。

“Horses of the World”では、宮崎県串間市に生息する御崎馬《みさきうま》が、feral horseとして紹介されている。feralは聞き慣れない英単語だが、野生に戻った家畜を示す言葉で、「半野生」「再野生化」などの訳語がある。feral dogとは、人間の生活圏で生きている野良犬ではなく、人里離れた山野で生きる野犬ということになる。

feral horseの代表格は、北米大陸のムスタング、オーストラリアのブランビー。いずれもヨーロッパからの入植者がもちこんだ馬が逃げたり、捨てられたりして、大草原で自然繁殖した野生の馬だ。ムスタング、ブランビーの群は大草原で自由に暮らしているが、馬や牛の牧場に来てエサを横取りしたり、祝福されることのない生殖活動にはげんだりするので、害獣あつかいされていた。ムスタングは娯楽的な狩猟の対象にもなり、生息数が減少していたが、近年は開拓時代の貴重な証言者として、保護されるようになっている。

ＤＮＡ分析にもとづく研究によると、現在、野生の状態で生息している馬はすべて、家畜の馬が再野生化したと考えられている。本当の意味での野生馬は早い時期に絶滅したらしい。なぜ、御崎馬が「半野生」「再野生化」の馬として分類されているのか。そこには、江戸時代の記録にみえる日本独自の馬の飼育方法である「野馬《のま》飼い」の伝統がかかわっている。

御崎馬は江戸時代、秋月氏の高鍋藩（宮崎県高鍋町、串間市など）が管理していた放牧地にいた馬の子孫だ。江戸時代から一年を通して放し飼いされ、自然の植物だけを食べて生活していた。明治以降、地域住民の所有となったが、やがて販売目的が失われ、人間による管理がほとんどなくなったあとも、馬たちは同じ場所で暮らしつづけている。エサとなる草は豊富にあるから、人間の手を借りなくても、馬たちは群をつくり、野生動物としてのルールに沿って暮らしているのだ。人の手を介することなく生殖し、世代をつないでいる。そのユニークな生態が「半野生の馬」として注目され、京都大学の霊長類研究の草分けでもある今西錦司氏をはじめ、内外の研究者によって報告されている。

江戸時代の千葉県にも、宮崎県の御崎馬と同じような自然放牧の馬牧があった。幕府直営の牧場だ。時期によって変動はあるものの、五、六千頭の馬が放牧されていた。

千葉県には幕府直営牧場の痕跡である「野馬土手《のまどて》」が数多く残され、文化財になっている。鎌ケ谷市の土手跡に行ってみると、初富小学校のそばに文化庁と地元の教育委員会が設置した説明パネルがあった。

馬は牧の中で放し飼いにされ、水のみ場のほかはえさも与えられず、ほとんど野生の馬だったことから、「野馬《のま》」と呼ばれました。

「ほとんど野生の馬」とはどういう意味なのか。なぜ、由緒正しい幕府の牧場に「ほとんど野生の馬」がいたのか。説明パネルを前にいくつもの疑問が生じた。「野馬《のま》」とは何なのか。ここにも「馬の日本史」のひとつの謎がある。

日本の構造を変えた「馬」

この本は私にとって、『火山で読み解く古事記の謎』、『邪馬台国は「朱の王国」だった』に続く文春新書三作目となる。第一作はタイトル通り、火山神話がテーマだが、第二作は太古の火山活動がもたらした朱（辰砂《しんしゃ》、硫化水銀）の鉱床に着目して、邪馬台国以降の歴史を検討した。火山にかかわる歴史を取材するため、各地の火山地帯を歩くことになったが、島根県にある活火山、三瓶山《さんべさん》を訪れたとき、幼少時から何度も行ったことのある阿蘇山の草原風景とよく似ていることに驚いた。そこには視界いっぱいに緑が広がり、太陽の光に満ちた放牧地の風景があった。

火山のまわりに見える草地の広がりが「火山性草原」と呼ばれていることを知り、火山列島という私たちの国の特質が、馬の歴史、武士の歴史と深くむすびついていることに気がついた。この分野の専門家ではない私が、馬の歴史をテーマとするこの本を書くことになったきっかけは、火山列島がつくりあげた歴史と風土への関心からということになる。

『「馬」が動かした日本史』というタイトルは、馬に関する網羅的な通史という印象を与えかねないが、本書のメインテーマは、馬が日本列島にもたらした軍事的、経済的な衝撃《インパクト》である。したがって、本来であれば馬の歴史の主要なテーマであるべき物流や交通、農業方面での利用についてはほとんど触れていないことをお断りしておきたい。

出版にかかわる仕事を始める前、私は読売新聞社で経済記者をしていたが、そのころ、「日本書紀」、「古事記」を読みだしたので、記紀の中から経済の歴史が読み取れないかと考えてきた。

じつは「日本書紀」には、古墳時代の日本が朝鮮半島に馬を輸出していたことが、明確に記録されている。馬の飼育とその軍事利用は、古墳時代の日本で巨大な輸出ビジネスだった可能性がある。それがもたらした経済力は巨大古墳の造営を促しただけでなく、日本の社会構造そのものを突き動かし、武士の時代へのプロローグをかたちづくったのではないか――。このことを、本稿全体を貫く、仮説的な見通しとして示しておきたい。

執筆するためのデータを集める過程で、各分野の専門家を訪ね、詳細なレクチャーを受けた。諸外国をふくめた馬の歴史全般については「馬の博物館」副館長の末崎真澄氏、黒ボク土については国の研究機関で土壌調査を専門とする高田裕介氏、古代河内《かわち》の馬産地については四條畷《しじょうなわて》市立歴史民俗資料館の野島稔館長、宮崎県に現存する半野生の馬については保護活動の中心メンバーである秋田優氏、古墳時代以降の有力氏族の動向については『古代氏族系譜集成』の著者、宝賀寿男氏から数々の情報、助言をたまわった。

前置きはここまでとして、草原育ちの馬の背中にとびのり、日本史の舞台を駆け巡ってみよう。従来とは少し違った視点から、日本列島の風景を楽しんでいただけるかもしれない。最初のターゲットは、馬が日本に持ち込まれた古墳時代。その舞台は大阪府の河内地方だ。

第一章　関西——巨大古墳と武士の文化

河内の馬飼い集団

五世紀に日本列島で馬の飼育が広まったことは、高校生用の日本史の教科書にも書かれている。ただ、その実態についてはわからないことだらけだ。

どのような人たちが、どのような施設で、どのような飼育方法で牧を運営していたのか。どこが馬の飼育のはじまりの地であるかも不明だが、候補地のひとつが大阪・河内地方にあった讃良の馬牧だ。サララともササラとも読まれる、不思議な響きを持つこの地名は、大阪府四條畷市のほぼ全域と寝屋川市、大東市の一部をさし、現代の住所表示にも残っている。百済系の人たちをふくむ馬飼いの集団がいて、ヤマト王権にかかわる牧を営んでいたと考えられている。

天武《てんむ》天皇の皇后で、天皇の位をひきついだ持統《じとう》天皇は、本来の名を鸕野讃良皇女《うののさららのひめみこ》という。最初期の馬産地である讃良と何らかの関係があったらしい。

ＪＲ大阪駅から約三十分。ＪＲ四條畷駅に降り立つのは初めてだったが、生駒《いこま》山地が壁のように連なっているのが見え、大阪市あたりとはまったく異質の雰囲気だ。江戸時代までの国名でいえば大阪市は摂津国《せっつのくに》だが、ここは河内国《かわちのくに》だ。

河内国とは、淀川左岸と大阪と奈良の府県境をなす生駒山地との間に沿った南北に細長い地域。大阪府東部の羽曳野《はびきの》市、藤井寺市、柏原《かしわら》市、東大阪市、枚方《ひらかた》市などが河内国にあたる。古代の行政区として、堺市など海岸部の和泉国《いずみのくに》の領域をふくんでいた時期もある。

この地を訪れたのは、四條畷市立歴史民俗資料館の野島稔館長に話をうかがうためだった。同市の職員として長年、発掘調査を担当し、幼い馬、雌馬をふくむ四十頭ほどの馬の骨、歯を出土させた。ひとつの地域からこれほどの馬関係の遺物が見つかるのは珍しく、五世紀前半という国内では最も早い時期から、馬が飼育されていた証拠とされている。

馬を生け贄にしたような特殊な祭祀の跡とされている奈良井《ならい》遺跡など、馬にかかわる遺跡が市内の至る所に点在している。その中でも、蔀屋北《しとみやきた》遺跡は見晴らしもよく、パネルや

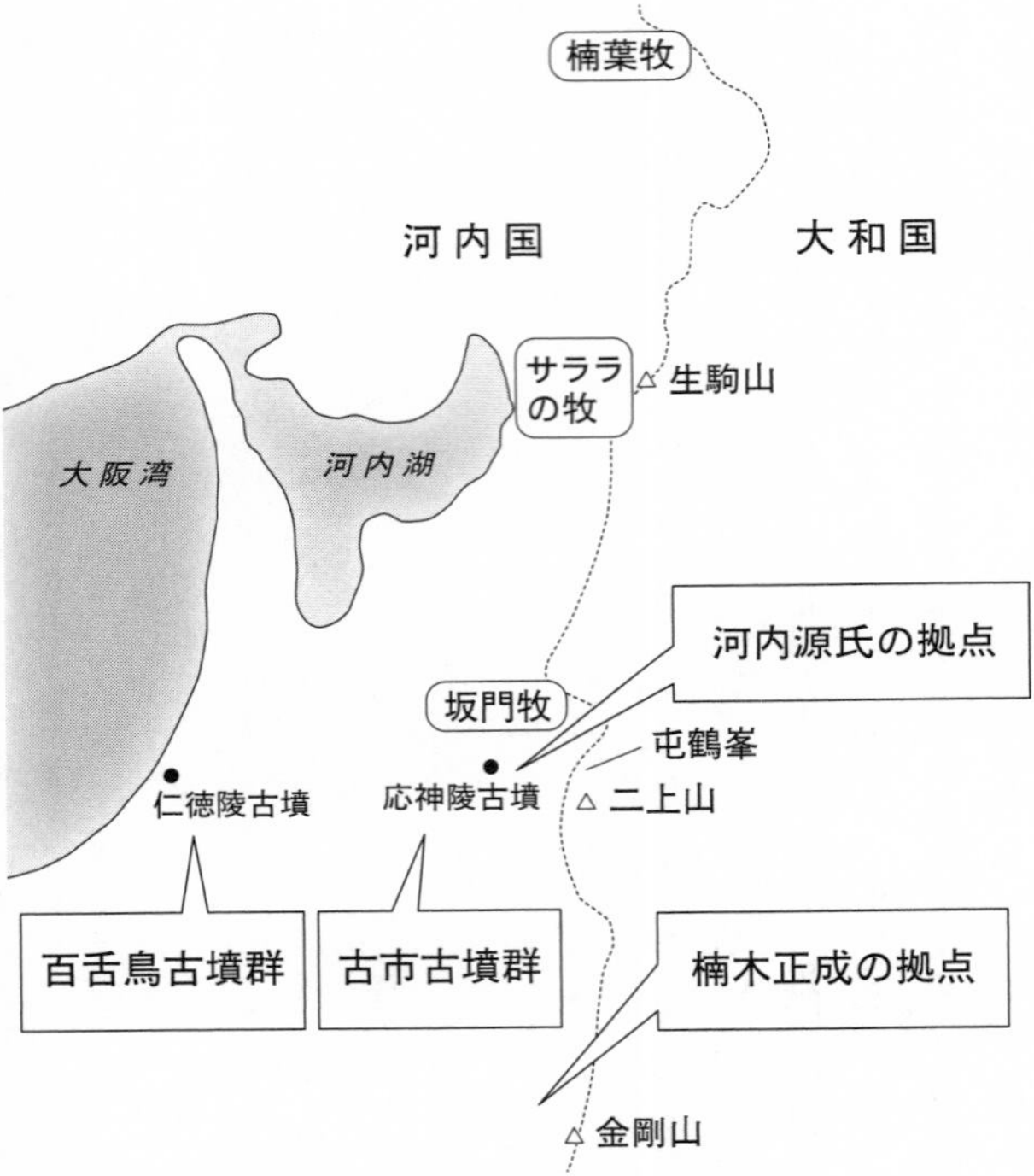

地図２　古代馬産地の河内には、巨大古墳、武士の文化が見える

復元物の展示など遺跡説明の施設が最も整っている。大阪府の「なわて水みらいセンター」の建設工事にともなう発掘調査で、馬一体分の全身の骨が発見された場所だ。

いちばん知りたかったのは、四條畷市の周辺に古代の馬牧がつくられた地理的、風土的な条件だ。蔀屋北遺跡から一望できる生駒山（標高六四二メートル）を指さしながら、野島館長はこのように説明してくれた。

「生駒山系の急斜面を馬は登れません。山から流れる川はいくつかに分かれ、天然の柵になっている。そして古墳時代には、この蔀屋北遺跡のすぐ目の前は海だったのです。山と海、川に囲まれた東西二キロメートル、南北三キロメートルの長方形が牧の範囲として想定されています」

海というのは、現在の大阪平野に深く入り込んでいた内海、いわゆる河内湖だ。縄文時代の高温期に最も拡大した内海は次第に縮小していたが、この当時、まだ残っていた。

四條畷市から南に向かって、東大阪市、柏原市あたりまで、大阪と奈良の府県境をなす生駒山地のふもとからは、古墳時代の馬の骨や関連する遺物が出土している。五世紀から六世紀にかけての時期である。奈良時代、平安時代になると、この地域から馬にかかわる遺物はまったく出なくなる。「本格的な馬牧をつくるには、この地の牧地形は手狭すぎたのではないか」と野島館長は言っていた。サララにいた馬飼い集団がその後どうなったかも不明であるそうだ。

四條畷市に行ってわかったのは、古代の河内地方には、平地が少なかったということ。生駒山の傾斜が終わるとすぐそこは河内湖で、純粋に平地といえるのは数キロの幅しかない。河内湖は堆積作用によって陸地化が進むが、その後も河内地方が「コメどころ」になることはなく、江戸時代は木綿が中心作物だった。水田稲作に基礎をおく弥生文化の延長線上に、古墳時代の河内国の驚異的な繁栄を位置づけて良いのかという疑問が生じる。

四條畷市立歴史民俗資料館は大規模な博物館ではないが、馬にかかわる出土品が並べられ、古代馬産地の全体像を伝える特色ある展示をしている。同市にある忍陵《しのぶがおか》神社は、「馬《ま》守大神《もりおおかみ》」を合祀しており、馬産地の信仰の歴史を伝えている。

世界遺産の古墳、世界水準の馬具

「日本書紀」「古事記」にみえる天皇の系譜は、歴史と伝説が錯綜している。それを踏まえて注意深く読む必要があるが、馬の普及期である五世紀前半の在位が想定されている応神天皇と仁徳天皇は、系譜のうえでは父親と実子とされている。応神天皇、仁徳天皇の陵

応神陵古墳

墓として管理されている古墳はそれぞれ全国二位、一位の巨大古墳。大阪府羽曳野市の誉田《こんだ》御廟山《ごびょうやま》古墳（応神陵《おうじんりょう》古墳、四二五メートル：カッコ内の数値は墳丘の長さ。以下同）、堺市の大山《だいせん》古墳（仁徳陵古墳、四八六メートル）である。

羽曳野市、藤井寺市には応神陵古墳をふくめて八十七基が現存する古市《ふるいち》古墳群があり、堺市の百舌鳥《もず》古墳群とともに世界遺産に登録されている。天皇や皇族の墓とされるいくつもの巨大古墳が市街地の多くを占めており、息苦しくなるほどの存在感を漂わせている。当地のシンボル的存在である応神天皇とその古墳をめぐっては、馬に関係する話がいくつかあるので紹介してみよう。

応神陵古墳のそばに誉田八幡宮《こんだはちまんぐう》という古い神社が鎮座しており、応神天皇を祭神としている。誉田八幡宮には土曜日の午後にだけ公開する宝物館があり、「金銅透彫鞍金具《こんどうすかしぼりくらかなぐ》」（金銅とは、金と水銀の合金をつかって銅などに鍍金《ときん》したもの）をはじめとする古墳時代の馬具が所蔵されている。「制作地の朝鮮半島でも例を見ない、水準の高い遺品」（『週刊朝日百科　日本の国宝』35号）であることが内外の専門家によって認められ、国宝に指定された。江戸時代、応神陵古墳のそばの小古墳から出土したということになっているが、応神陵古墳そのものの副葬品だという説が公然と語られている。

誉田八幡宮の縁起書によると、応神天皇が亡くなり、古墳を築いていたとき、どこからともなく、立派な馬が出現し、古墳のまわりを歩いた。そのときの蹄《ひづめ》のあとをもって、陵墓の境界としたという。

「日本書紀」にも応神陵古墳にまつわる馬の逸話が出ている。系譜のうえでは応神天皇のひ孫にあたる雄略天皇の治世九年の記事だ。

田辺伯孫《たなべのはくそん》という人が、祝宴のあと、馬に乗って家に向かっていると、応神陵古墳のそばで赤馬に乗った人と出会った。その馬は竜のように飛び跳ね、その体は山の峰のように立派だった。並んで走ってみると、とても追いつけない。伯孫がその赤馬を欲しいと言うと、その人は伯孫の馬と交換してくれた。伯孫は自宅の馬屋に赤馬を入れて、就寝したが、翌朝、その馬は埴輪の馬に変じていた。応神陵古墳に行ってみると、自分の馬は、埴輪馬にかこまれるように立っていた——というファンタジーめいた逸話だ。

スポーツや芸能の世界には、名伯楽と讃えられる有能な指導者がいる。その語源である伯楽とは、中国春秋時代の人で、良い馬を見抜く能力にたけ、調教にも才があったという。姓は「孫」で、「伯楽」は通称。この逸話の主人公である「伯孫」とは、伯楽と孫氏を合わせた名前だから、実在の人物というより、馬の専門家としての氏族伝承をシンボライズしたような人物なのだろう。

田辺氏は羽曳野市の近隣を拠点とした渡来系の氏族。平安時代に朝廷により編纂された系譜資料「新撰姓氏録」には、田辺氏から上毛野《かみつけの》氏に改姓した人たちが見える。上毛野国（群馬県）は古墳時代の有力な馬産地だから、この改姓は馬に関係しているのかもしれない。同じく古代の馬産地だった甲斐国（山梨県）の国司をしていた田辺広足《ひろたり》が、朝廷に神社に奉納するみごとな馬を献上したという記録もある（「続日本紀」天平三年十二月）。馬とのかかわりが濃厚な一族だ。

神功皇后と新羅の馬飼い

これまたどこまで史実か判然としない話だが、天皇家の系譜によると、応神天皇は仲哀《ちゅうあい》天皇と神功《じんぐう》皇后の子とされ、その出生をめぐる伝説も馬の歴史に関係している。

朝鮮半島の新羅《しらぎ》国は宝にあふれた国だという神のお告げを受け、神功皇后は船団を率いて出兵することを決める。夫である仲哀天皇の突然死の直後のこと。神功皇后は妊娠中で臨月に近かったが、お腹に石をあてて出産を遅らせ、ほとんど戦うことなく勝利した。新羅国王は敗北を認め、こう言った。

今より後は、長く天地とともに服従して、飼部《みまかい》となりましょう。（中略）春秋には馬の毛を刷《こす》る櫛と馬の鞭とを献上いたしましょう。（『新編日本古典文学全集・日本書紀』）

ここに出ている「飼部」とは、「馬飼部」にほかならない。新羅国王は降伏の条件として、馬にかかわる専門家の提供を申し入れたことになる。九州に凱旋帰国したあと、生まれた赤ちゃんが、のちの応神天皇であるという話になっている。

応神天皇の時代、朝鮮半島から二頭の馬が献上されたという記事があるのだが、それは百済からで、「日本書紀」の物語は必ずしも整合的に進行しているわけではない。もとより、出産直前の神功皇后が女将軍となって半島に攻め入ったという物語を、そのまま史実とすることは不可能だ。しかし、応神天皇よりも少し前の時代、朝鮮半島から馬にかかわる専門家が渡来した——という史実の断片がふくまれている可能性はある。

文春新書の前作『邪馬台国は「朱の王国」だった』では、神功皇后の伝説が、日本を代表する地下資源である朱（辰砂、硫化水銀）の交易に関係するのではないかと考えてみた。「播磨国《はりまのくに》風土記逸文」には、神功皇后の半島遠征をまえに朱の女神ニホツヒメが出現するなど、朱の文化とのかかわりが見えるからだ。もし、神功皇后の伝説を貿易的な史実として読むことができるなら、日本からは朱、水銀など、火山国に産する希少鉱物を輸出して、朝鮮半島からは馬とそれにかかわる技術を輸入したと解釈することができる。

なぜ河内に世界遺産の巨大古墳があるのか

以前、新聞社の経済部で勤務していたせいか、遺跡や文化財も、芸術的観点からではなく、経済の視点から見てしまうクセがある。戦国時代末期は日本史上、とくに景気の良かった時期だと推定できるが、バブル的な繁栄を織田信長、豊臣秀吉が築いた安土城、大坂城の記録によって知ることができる。世界遺産に登録されている姫路城をはじめ、全国各地に現存する国宝級の城郭の多くは、同じころに建てられたものだ。

金の茶室、金の茶碗。秀吉の黄金趣味が示しているとおり、この時代の景気の良さの原因は、日本列島の金、銀の採掘がピークにあったことだ。ことに銀は世界全体の産出量の三分の一に達していた時期がある。

一九八〇年代後半のバブル経済期には、不必要なほど大きな地方自治体の庁舎が各地につくられ、その後、「バブルの塔」と揶揄されることになる。思いもよらぬ経済的な恩恵がもたらされたとき、巨大な建造物をつくってしまうことは、古今東西、共通してみられる人間の行動パターンだ。古代的な蕩尽の結果ともいえる前方後円墳についても、ヤマト王権との関係をうんぬんする以前に、その地域に巨大古墳を造営するだけの経済力があったという事実を直視する必要を感じる。

巨大な前方後円墳のはしりといわれる箸墓《はしはか》古墳（二七八メートル、一部の研究者は卑弥呼の墓だと主張）は三世紀中ごろ、現在の奈良県桜井市に出現した。そのあと天皇陵の候補となるような巨大な前方後円墳は、桜井市、天理市など奈良盆地の南西部に造られ続けている。ところが五世紀になると、奈良盆地で大規模な古墳は造られなくなり、大阪府に巨大古墳の造営地が移動している。仁徳陵古墳、応神陵古墳をはじめとする世界遺産の巨大古墳は、前方後円墳発祥の地である奈良県ではなく、大阪府にある。

なぜ、巨大古墳の造営地は移動したのだろうか。いくつかの説があるが、五世紀ごろ、政治の中心が奈良から大阪の河内地方に移動していたからだという説が最もよく知られている。しかし、巨大古墳が造られた原因を「政治力」ではなく、「経済力」と見るならば、従来とは違った解釈が可能となる。本稿全体のテーマとして注目したいのは、関西における河内がそうであるように、東日本や九州でも代表的な馬産地に、そのエリアでは突出した規模の前方後円墳が存在していることだ。

古代馬産地の「経済力」とは、いかなるものなのか。この章では河内国について、その実態を考えてみたい。

「古墳のサイズはその土地の経済力を反映している」という本稿の見通しが正しければ、五世紀の大阪はこの時期の奈良より景気が良かったといえる。朝鮮半島からの渡来人によってもたらされた馬の飼育、須恵器《すえき》（硬く焼きしめた土器）の生産、鉄製品の製造など当時の先端産業が、河内地方で開花したことが好景気の一因と考えられる。

その中でも、馬の飼育が注目される。その経済的な波及効果が大きかったことは、このあと検討する関東や九州の動向からも推察できるからだ。古墳時代有数の馬産地であったとされる群馬県に東日本最大の古墳があり、同じく古代からの馬産地である宮崎県に九州最大の古墳がある。

変わったのは巨大古墳の造営地、サイズだけではない。古墳の副葬品にも変化が見える。三、四世紀の奈良盆地の古墳は、埋葬空間を朱（辰砂）で彩り、三角縁神獣鏡をはじめとする呪術的な要素のある副葬品が目立つ。これに対し、五世紀の河内地方の古墳には、馬具や武具など、軍事にかかわる副葬品が突然のように増えている。その代表的事例が先ほど紹介した「国宝馬具」である。

こうした事実に着目して、朝鮮半島を経由して日本に来た「騎馬民族」が旧来の王朝を滅ぼし、新王朝を樹立、それが現在の天皇家につながるという説が戦後まもなく発表された。東アジア史が専門の江上波夫氏による「騎馬民族征服王朝説」である。現在、この説をそのまま認める研究者はいないようだが、五世紀前後、ヤマト王権が全国に支配領域を広げていったのは確かだ。江上氏がいうように、その背景に馬の軍事力があることは否定できないと思う。

古墳づくりの現場で馬は石や土を運んだ？

ここで古代史クイズをひとつ。「前方後円墳の数が一番多い県はどこでしょう？」答えは千葉県。意外とも思えるこのランキングは、当時の関東が国内最大の馬産地であったことと関係するのかもしれない。千葉県には江戸時代、幕府直営の規模壮大な牧場があった。「馬の日本史」にとって、千葉県のある房総半島は注目すべきエリアだ。

千葉県にあった幕府馬牧の研究者である松下邦夫氏は、古墳のサイズが全国各地で巨大化していることについて面白いことを言っている。そこに馬の運搬能力が関係しているというのである。「巨大な古墳の構築についても下総牧馬を利用しなかったという筈《はず》はない」と述べ、工事現場で馬が土や石を運んだ状況を推測している（『房総の牧』2号）。

四世紀の奈良盆地にも、渋谷向山《しぶたにむかいやま》古墳（三〇〇メートル）、桜井茶臼山古墳（二〇七メートル）をはじめとする巨大古墳があるが、いずれも山の尾根の延長を利用しているので、新たに土を積み上げた量はたいした分量ではない。五世紀以降の古墳づくりには、土木工事の色彩が強まるのだ。

ところで、私が小学三、四年生のころなので、昭和時代の話だが、長崎市に住んでいた祖父の家のそばで、屋根瓦を背中に乗せて、石段をのぼってゆく馬を見て、作文か絵日記に書いた記憶がある。中心商店街から徒歩二十分ほどの場所だが、長崎の市街地はほとんど平地がなく、山にへばりつくように人が住んでいるので、石段でしか行けないという家が少なからずある。祖父の家もまさにそうした立地で、小柄な馬が辛そうに、その石段をのぼっていた。

働く馬を見たのはそれが最後だったが、十年ほど前、母方の親戚が長崎市の墓地を撤収するとき、馬を雇って墓石などを運んだそうだ。墓地はＪＲ長崎駅の近くの高台だが、車ではアクセスできない。

馬は草原の動物であり、山や傾斜地は苦手という印象があるが、重い屋根瓦や墓石を背負って石段を行き来する能力がある。土や石を背負って前方後円墳の斜面をのぼることくらいできたはずだ。河内地方、宮崎県、群馬県。古代の馬産地で他の地域より古墳の巨大化がきわだつのは、豊富な「馬力」のおかげだと考えてみるのも一案である。馬の普及期である五世紀は、古墳が最も巨大化した時期と重なっているからだ。

古市古墳群のある大阪府藤井寺市では、九メートル近いソリのような形の木製品（修羅）が見つかっている。巨石を運搬するための道具とみる説が有力だが、これについても馬の力を借りれば、作業のスピードは大いに上がっただろう。

淀川が作った馬牧

河内地方における馬の飼育地の分布をみると、生駒山地とともに淀川の存在が重要であることがわかる。この地域では最大の河川である淀川のたび重なる氾濫はやっかいな問題だったが、荒々しい水流は樹木の生育を阻害し、「氾濫原草原」をつくる。河川敷には川が上流から運んでくる小石、砂が多いので、水はけ（透水性）が良すぎて、樹木にとっては水を吸収しづらい過酷な環境だ。これも草原化を促す要因となる。

平安時代の女流文学として著名な「蜻蛉日記」には、天禄元年、石山寺に詣でたときのこととして、「川づらに放ち馬どものあさりありくも、遥かに見えたり」と記されている。明らかに河川敷での放牧風景である。

淀川流域に点在したとみられる放牧地のうち、最も有名な楠葉《くずは》の牧。そのはじまりは不詳だが、平清盛、源頼朝と同時代の後白河法皇が愛好した当時の流行歌「今様《いまよう》」にも、「楠葉の御牧《みまき》の土器造り　土器は造れど　女《むすめ》の貌《かお》ぞよき　あな美しやな」（「梁塵秘抄」）と歌い込まれている。

淀川の東岸に、京阪本線の樟葉《くずは》駅がある。地名表記のうえでは枚方市楠葉《くずは》だが、本来は「葛葉」ではないだろうか。丸みをおびて先の尖った葛《くず》の葉は、馬の大好物だ。楠葉に馬牧が設定されたのは、馬のエサになる葛が茂っていたからだと考えられる。

葛はマメ科の植物で、秋になると赤紫色の花を咲かせる。風邪をひいたときに飲む葛湯の材料として知られるが、「馬が葉を好んで食べるので、ウマノボタモチ（千葉）、ウマノオコワ（群馬）の別名がある」（主婦の友社編『食べる薬草・山野草早わかり』）。

樟葉駅前には「くずはモール」という立派なショッピング・モールがある。繁華な街並とは逆方向に、駅から五分ほど歩くと、堤防地帯となり、広大な河川敷にはゴルフ場が見えた。今はその芝生の広がりだけが、「牧」の風景を思い描く縁《よすが》となっている。古代の「牧」はどのような景観だったろうか。現代の牧場とはまったく違っていたと思われるが、ほかに適当な言葉もないので本稿では「牧」「牧場」という言葉を使っている。

忍者と馬

淀川流域の原野は、平安時代の王族、貴族の狩猟場にもなっており、桓武《かんむ》天皇も狩猟に訪れ、中国的な神祀りをしたという記録が「続日本紀」にある。樟葉駅から河川敷とは反対方向に三十分ほど住宅地を歩くと、交野《かたの》天神社が鎮座しており、桓武天皇の神祀りの地と伝わっている。この神社の境内からつづく森の道をしばらく歩くと、六世紀（古墳時代後期）、継体《けいたい》天皇が即位した場所とされる「樟葉宮」の伝承地がある。

考古学的に確認された遺構ではないが、継体天皇の皇居伝承地が、「楠葉の牧」と同じ枚方市内にあることは、本稿のテーマのうえでは看過できない。継体天皇の即位をめぐる「日本書紀」の記述に、河内馬飼首荒籠《かわちのうまかいのおびとあらこ》という人が登場するからだ。河内にあった古代馬産地を象徴する人物である。

「日本書紀」によると、武烈天皇の死後、皇位継承の適任者がいなくなるという事態が生じ、応神天皇の五代あとの子孫で福井県（「古事記」では滋賀県）にいた皇族が、大伴氏をはじめとするヤマト王権の高官たちから皇位に就くよう要請される。しかし、その人は高官たちの真意をはかりかねて迷っていた。そんな時、以前から付き合いのあった河内馬飼首荒籠の使者が訪れ、なにがしかの情報を伝えた。それを聞き、ようやく天皇に即位する決意を固めた――という話になっている。継体天皇が奈良盆地ではなく、河内地方の「樟葉宮」で即位の儀式をおこなったという記録からも、混沌とした政治状況がうかがえる。

河内馬飼首荒籠について、「日本書紀」に詳しい人物像は書かれていないが、野島館長をはじめとする研究者は、渡来系の馬飼い集団のリーダーだと見なしている。

なぜ、福井県に住んでいた皇族が、河内の馬飼い集団と接点があったのか。この時もたらされた情報とはどのような内容だったのか。河内の馬飼い集団がおこなっていたことは、現代でいえばインターネットを利用した会員制のニュース配信サービスのようなものだと推定したい。地方に住む有力者、富裕層を顧客として、ヤマト王権にかかわる情報を提供していたのではないか。中央政界の最新のニュースが、馬の走力によって驚くべき早さで届けられる。当時の人たちは、魔法のような情報伝達能力に目をみはり、新時代の到来を実感したに違いない。

古墳時代の馬は希少な高級品で、都では皇族や貴族層しか所有していなかった。飼育技術も定着していなかったから、河内の馬飼い集団は個々の家に入り込んで、馬の面倒をみていたに違いない。王権内部の有力者との接点が生じ、それは貴重な情報網になる。継体天皇の擁立をめぐる動きのなか、河内馬飼首荒籠はここぞとばかり、ヤマト王権の内部情報を探り、のちに継体天皇となる人物に特別の情報を提供したのでは——と連想は広がってゆく。すこし想像が過ぎたかもしれないが、馬の登場が、古代の情報・通信革命でもあったことはまちがいない。

「日本書紀」は継体天皇が即位要請をうける決断をし、福井県から出発するときに述べたセリフを載せている。『新編日本古典文学全集・日本書紀』の現代語訳を引用する。

「よかった、馬飼首よ。お前がもし使者を送って知らせなかったなら、危うく天下に笑われるところだった。世の人が、『貴賤を論ずるな。ただその心だけを重んじよ』と言うのは、思うに荒籠のような者を言うのだろう」と仰せられた。即位されるに及んで、厚く荒籠を寵遇された。

河内馬飼首荒籠の活動は、現代の言葉でいえば諜報活動《インテリジエンス》。時代劇の世界でいえば、「忍び」だ。忍者の里として知られる近江国（滋賀県）の甲賀には、平安時代、朝廷の牧があった。「近都牧《きんとの》」といい、関東、東北などから運ばれてきた馬を飼育するための小規模な牧だ。甲賀忍者の歴史が古代にさかのぼるのかは不明だが、情報の伝達者でもある甲賀忍者にとって馬は必須だったはずだ。

日本書紀が記録する馬の輸出のはじまり

冒頭で述べたように日本列島にもともと馬は生息しておらず、馬の輸入国だった。ところが、継体天皇の時代（六世紀前半）、日本から朝鮮半島の百済国に九州産の馬が送られている。「日本書紀」にみえる馬の輸出に関する最初の記事だ。その数は四十頭、九州のどこかは明示されていないが、日本はこの時すでに、馬の輸入国から輸出国に転じていたことがうかがえる注目すべき文面だ。

日本から朝鮮半島に送られる馬の数はさらに増加し、継体天皇の子である欽明《きんめい》天皇の治世七年には七十頭、同十五年には百頭と記録されている。「日本書紀」の記録は王室と王室のあいだの贈与だから、いわば氷山の一角。日本の各地から朝鮮半島への馬の輸出があったことは、九州や関東の馬産地の古墳から出土する半島系の高価な馬具や武具などによって推定されている。

継体天皇の三代前の顕宗《けんぞう》天皇の治世について「日本書紀」は、穀物はよく実り、人びとは富み栄え、「馬は野に被《ほどこ》れり」と述べている。野を被《おお》うように馬が増えた——というのだ。国家の繁栄を言祝《ことほ》ぐための文学的な誇張表現という説もあるが、九州や関東で馬の飼育が本格化する五世紀後半の状況と重なっており、リアリティのある一文である。このように、「日本書紀」の記事は断片的なデータではあるが、日本列島における馬の飼育が五世紀に拡大しているという考古学の知見とおおむね合致している。

日本から大陸、半島への馬の輸出に関する記録が頻繁に見えるようになるのは、鎌倉幕府が滅びたあとの南北朝時代以降のことだ。中国の史書「明史《みん》」には、九州をほぼ制圧していた後醍醐《ごだいご》天皇の皇子から、明の皇帝への親書とともに馬や特産物が贈られてきたという記事がある。室町幕府の三代将軍足利義満、八代将軍義政も明の皇帝に馬を献上している。東アジアの儀礼的な外交において、馬は日本を代表する贈答品でもあったことがわかる。

馬に乗った傭兵

古墳時代における馬の産業を考えたとき、河内地方とは、どのような機能を持っていたのだろうか。

九州、関東、東北の馬産地についてはこのあと述べることになるが、規模だけで比較すると、河内地方の馬産地は相当に劣っている。しかし、河内は古代国家（ヤマト王権）の中心だった奈良盆地に近く、馬の飼育、馬具や武具の加工にかかわる渡来系の技術者集団の居住地だった。大阪湾は平野部に深く入り込んでいたので、当時の河内地方は大和川によって奈良盆地に直結した港湾都市でもあった。

河内地方の馬産地を特徴づけるのは、渡来系の人たちがもたらした技術および朝鮮半島との人的なつながりではないだろうか。現在の企業にたとえれば、工場部門（馬を繁殖させる広大な放牧地）ではなく、技術部門と海外営業部門をふくむ〝本社機能〟が河内地方にあったと考えてみたい。伯楽の話をからめて紹介した渡来系氏族の田辺氏をはじめとして、国際的な馬商人めいた人たちがこの地に住んでいたからだ。

ただ、古墳時代の馬の交易は、飼育した馬を輸出するという単純なものではなかった可能性がある。その実態を探るため、「古墳時代の傭兵」について考える必要がある。

五世紀前後とおぼしき時期、ヤマト王権が朝鮮半島での軍事活動をくりかえしているように「日本書紀」には書かれているが、史実性については強い批判があった。日本列島での覇権が完全には確立されていない時期であり、海外派兵するほどの政治力と軍事力がヤマト王権にあったとは思えないというのだ。

そうした批判をふまえた折衷案めいたところがあるが、ヤマト王権の正規軍の派兵があったとしても、それだけではなく、金銭的な報酬を目的とする兵士（傭兵）が日本各地から戦乱の続く朝鮮半島に向かったのではないかという説がある。国と国の同盟関係による援軍ではなく、個人あるいは部族単位の〝ビジネス〟としての参戦だというのだ。この説が正しければ、日本人兵士の雇用主は、百済や半島南部の加羅諸国である。

『岩波講座日本歴史』は、数十年おきに刊行されてきた伝統のある叢書で、高校の歴史教師の必読書としても有名だが、その最も新しいシリーズの第一巻で、「傭兵」は日本が外国の産品や文化を輸入するための交換財、すなわち貴重な輸出品であったという説が紹介されている。

日本列島からの傭兵的なマンパワーと、「貢」とされる朝鮮半島の文物、技術との交換が成立していたと評価できる。（菱田哲郎「古墳時代の社会と豪族」）

「傭兵説」を、いつ、誰が提唱しはじめたのか確認できなかったが、有名な東洋史学者の岡田英弘氏が一九七〇年代に書いた『倭国：東アジア世界の中で』ではすでに述べられている。列島をほぼ統一したヤマト王権が、国家的な意志をもって朝鮮半島に進出したのではなく、当時の日本の人たちが朝鮮半島で雇われて戦っているうちに、「軍事技術が急速に進歩して、倭人の傭兵隊が成立した」というのだ。

私も「傭兵説」が実相に近いという気がしているが、腑に落ちないことがひとつある。「魏志倭人伝」をふくむ中国の史書が、朝鮮半島やその周辺民について、「戦いになれている」「身体がごつい」などと評しているのに対し、倭国の人たちは戦士としてまったく評価されていないことだ。古墳時代の日本人に、傭兵としての国際競争力が本当にあったのだろうか。そんな疑問が生じる。

中央ユーラシアの歴史を専門とする林俊雄氏は、騎馬遊牧民国家（少し古い言葉でいえば「騎馬民族国家」）の元祖的存在であるスキタイをはじめとして、「北方草原地帯の騎馬遊牧民が傭兵として雇われ、南方の定住農耕地帯に入ってくる例は、実は結構多い」と述べている。馬を巧みに乗りこなす能力は、傭兵として大きなセールスポイントだったのだ（『スキタイと匈奴　遊牧の文明』）。

古墳時代の日本人に傭兵としての性格があるとすれば、そこから草原の騎馬遊牧民との共通点が見えてくる。朝鮮半島から見れば、日本は小規模とはいえ草原の国であり、五世紀以降、急速に馬が増えている。河内国から朝鮮半島に向かった人たちは、「馬に乗った傭兵」だったのではないだろうか。河内地方の馬産業は、馬の輸出よりも傭兵の派遣に重心が置かれていた可能性がある。

馬の輸出、傭兵の派遣というと特殊な出来事のように思われそうだが、簡単に言えば、五世紀以降、激しさを増した朝鮮半島の争乱にともなう「戦争特需」である。けして自慢できることではないが、日本の歴史には、対岸の火事のような外国での戦争によってもたらされた好景気がいくつかある。第一次世界大戦で欧州諸国の生産能力が落ちたとき、日本製品の輸出が爆発的に増えた「大戦景気（大正バブル）」。そして第二次世界大戦の敗北のあと、どん底から抜け出し、高度経済成長への足がかりとなったのは、朝鮮戦争にともなう「朝鮮特需」だった。同じような状況が、古墳時代の日本で起きていた可能性がある。世界遺産の巨大古墳に象徴される古代河内の繁栄の背景として、古墳時代の「特需景気」を想定してみたい。

日本の弓の不思議な形状

古墳時代の日本の兵士に、傭兵としての需要があったとしたら、もうひとつの理由を弓矢に求めることができる。当時の日本人が使っていた弓矢は、朝鮮半島、中国の弓矢より、飛距離の点でまさっていたと想定できるデータがあるからだ。

「魏志倭人伝」には、倭人の弓についての記述があり、弓は木製で、弓の弧の中央より下側をにぎる特殊な技法であることがわかる（原文「木弓短下長上」）。中国や朝鮮半島をはじめ世界のほとんどの弓は中央部をにぎって、弓を引き絞る様式なので、珍しい事例として記載されたのではないだろうか。「魏志倭人伝」の原資料となる報告書を書いた中国人来訪者の、恐るべき観察眼がうかがえる箇所のひとつだ。

「魏志倭人伝」の記述は、「弓の下から三分の一よりやや上をにぎる」と説明される、現代日本の弓道の描写にそのまま使える。邪馬台国の時代の弓矢の形状と技法がほぼそのまま、武士の時代を経て現代に伝わっているのだ。

アーチェリーと弓道の弓を比較すれば明らかだが、日本の弓は特段に長大だ。大学教師で弓道家の松尾牧則氏の著書『弓道：その歴史と技法』によると、日本のような「長弓」を使用する弓文化をもつのは、南太平洋、南アメリカの原住民などで、世界的には少数派であるそうだ。邪馬台国時代の日本をふくめて、馬を持たない社会ということになる。狩猟であれ、戦闘であれ、騎乗の場合は対象物に接近して弓を放つことができるので、騎乗での扱いに便利な「短弓」が求められたのに対し、馬のない社会では、矢の飛距離が増す「長弓」が発達したということなのかもしれない。縄文時代の弓の中には二メートル前後のものもあり、「長弓」はそれ以来の伝統であることがわかっている。

松尾氏によると、中央よりやや下側をにぎる日本の弓は、技術の習得が非常に難しいという欠点がある一方、「矢の発射角度も上向きになり、飛翔力が増す」のだという。つまり、矢の飛距離が伸びる。

話の流れで、馬のあとに弓のことを取り上げたが、当時の日本人が傭兵として注目された最初のきっかけは弓のほうにあったと思う。ずっとあとの鎌倉時代、モンゴル軍が押し寄せてきた元寇のときのことだが、矢の飛距離で日本側がモンゴル軍にまさっていたことが、当時の文献のひとつ「八幡愚童訓《はちまんぐどうくん》」に記録されている。この実例が明らかにしているとおり、日本人の使う弓矢は東アジア世界において優位性をもっていたようだ。

ここまでの検討を踏まえて、古墳時代の倭人傭兵とは、縄文以来の「長弓」を使い、馬を乗りこなす人たちだったと考えてみたい。もし、そうであるならば、それはのちの時代の武士の戦闘スタイルとほとんど同じということになる。

河内源氏の聖地はブドウ畑のなか

応神陵古墳から直線距離で約四キロメートル。同じ羽曳野市に源頼信、頼義、義家の墓があり、「源氏三代の墓」として史跡になっている。鎌倉幕府を創始した源頼朝の直系先祖にあたる人たちだ。話は五、六世紀の古墳時代から、一一世紀の平安時代に飛んでしまうが、「馬の日本史」の延長線で、武士の誕生について検討したい。古代の馬産地であった河内国は、武士の名門の中の名門「河内源氏」をはぐくんだ土地でもあるからだ。この地理的な一致は単なる偶然なのか、それとも理由のあることなのか。そこが問題である。

一般的なイメージのうえで大阪は商人の町であり、武士の歴史と結びつきにくい。しかし、鎌倉将軍家、室町将軍家（足利氏）を輩出した「武家の棟梁」のルーツは河内国にあり、ここから各地に広がった。清和天皇の子孫（清和源氏）の流れで、源頼朝の六代前の

河内から関東、東北へ——。馬産地とのかかわりが見える河内源氏の系譜

（○は人名省略）

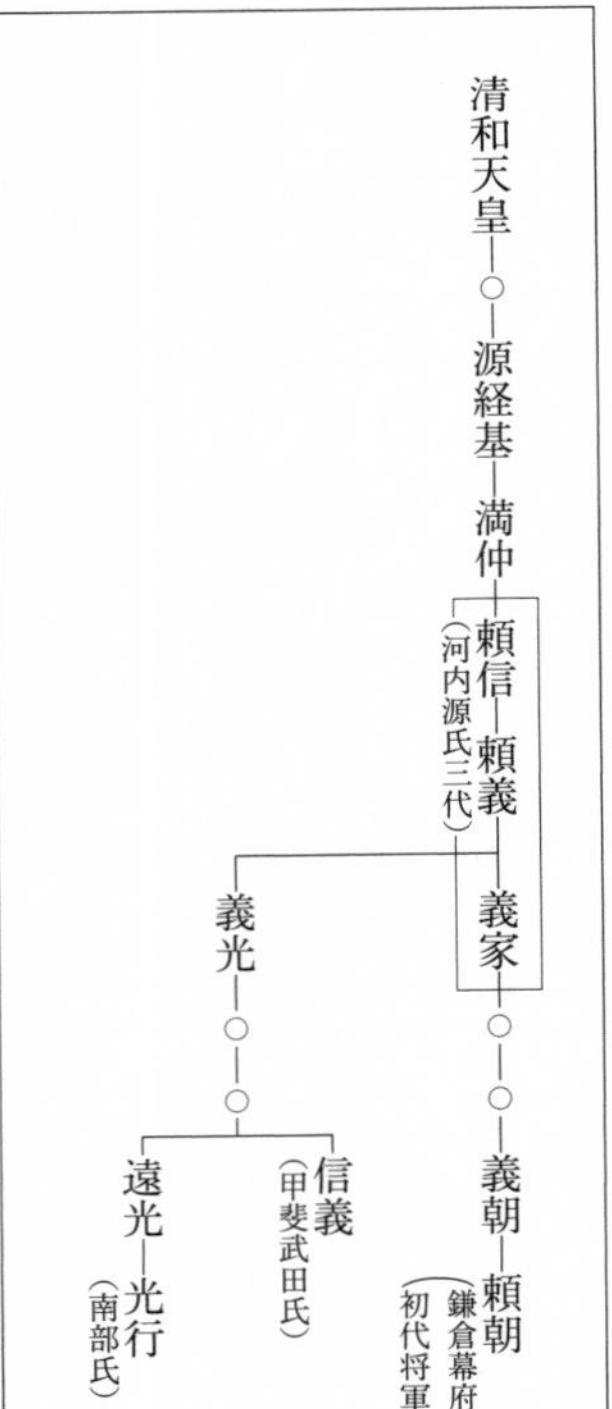

源頼信を始祖として、頼義、義家とつづく。鎌倉幕府の源頼朝の「頼」は河内源氏の初代、源頼信の「頼」に由来する。

武士の誕生をめぐる議論は複雑だが、少し前までは、地方の有力者が自衛と勢力拡大のために武装を強化したという「地方発祥説」が教科書的な定説になっていた。これに対する新説として、朝廷や摂関家に仕える武技に秀でた下級貴族が軍事の専門家となったという「都発祥説」がある（髙橋昌明『武士の日本史』など）。二つとも律令国家が制度疲労を起こす平安時代の中ごろに焦点をあてた議論だ。

一部の考古学者の間には、古墳時代の武人は甲冑を着て馬に乗り、弓で戦っているのだから、軍事技術の上ではのちの時代の武士と本質的な違いはないとする見方もある。旧来の武士論が政治・社会状況を踏まえた議論だとすると、こちらは武士の技術論だといえる。

武士道のことを「弓馬の道」ともいうが、武士の基本である馬上での弓術は馬の普及によって定着するのだから、古墳時代の五世紀に注目するのは意味のある視点だと思う。五世紀の馬文化の中心が、この章で取り上げている大阪の河内地方にほかならない。

河内源氏の一族には、馬にまつわるエピソードがいくつかある。頼信が息子の頼義に与えた駿馬が盗まれたとき、親子そろって追走し、以心伝心の連携で馬をとりもどした話が

「今昔物語」（巻二十五）に出ている。関白藤原忠実の談話録「中外抄」によると、頼義は母親の供養には不まじめだったが、愛馬の法事は欠かさなかったという。こちらは馬との深い結びつきをうかがわせる話だ。

平安時代、在地の武士が管理していた「坂門牧《さかと》」は、羽曳野市に隣接する柏原市にあったと推定されている。他にもこの付近には、牛の飼育がメインのようだが、松原市と羽曳野市にまたがる会賀《えが》牧もあった。駅名にもなっている駒ヶ谷《こまがたに》（羽曳野市）の地名が馬牧に由来する可能性をふくめて、この地域にいくつかの牧があったことはまちがいない。

取材のためこの地を訪れたとき、充電機能に不具合が生じ、スマホが使えなくなっていた。近年はグーグルマップのナビ機能に頼りきりなので少し不安だったが、略地図を持っていたので、なんとかなるだろうと最寄りの駅から歩き出した。ところが、途中で道を誤り、行けども、行けどもブドウ畑……。以前、新聞社に勤務し、山梨県の甲府支局にいたことがあるので、ブドウ農業や国産ワインの記事を何度か書いたことがある。だから、大阪府のブドウ産地のことを聞き知ってはいたが、手入れの行き届いた畑の連なる、本格的な産地であることに驚いた。途中で道を尋ねた農家の男性によると、大阪のブドウ産地といっても、そのほとんどは河内地方で、その中心がまさにこのとき私が歩いていたあたりだという。アップダウンが多く、水田にはなりにくい地形だ。

三十分ほどで行ける場所なのに、一時間半近くかかってしまった。目的地の河内源氏の始祖の墓は小高い丘の上にあった。墓の隣地もブドウ畑だ。河内源氏の拠点だったこのあたりを古くは河内国石川郡壺井といい、壺井八幡宮がその歴史を伝えている。近くにある河内源氏ゆかりの通法寺跡は、敷地が史跡として保存され、門などが復元されている。

山梨県も古墳時代にさかのぼる馬産地だが、全国一のブドウ産地であり、近年はワイン産地として世界的な知名度を得つつある。ブドウを栽培するには、水田稲作の適地とは正反対の、水が抜ける、荒れ地気味の土地のほうが向いているという話を以前、山梨県のブドウ農家から聞いたことがある。山梨県と大阪府羽曳野市。武士の名門にゆかりのふたつの土地に共通するのは、水田稲作に適さない荒れた土壌だ。

太古の火山に見える牧の気配

源氏三代の墓に最寄りの近鉄南大阪線上ノ太子《かみのたいし》駅でふたたび奈良方面への電車に乗り、次の駅が二上山《にじようざん》駅。そこで下車して、今度は屯鶴峯《どんづるぼう》に向かった。線路沿いに歩いて三十分、屯鶴峯は高さ一五〇メートルくらいの小山だが、そのすべてが輝くような白色という驚く

白くかがやく屯鶴峯

べき風景である。屯鶴峯という名称は、鶴の大群がいるように見える白い岩山に由来する。しかし、この白い風景は二上山火山の火砕流の跡なのだから、優雅な鶴の群とは対極の、すさまじい噴火の瞬間を思い描く必要がある。

火砕流や火山灰が冷え固まり、ザラザラした手触りの凝灰岩になっている所は、二上山の登山ルートや柏原市の玉手山古墳群（玉手山公園）のまわりなどに見えるが、光沢のある白い岩が見えるのはここだけだ。スベスベしているのに、手に持つと軽石のようなフワっとした重量感。なんとも風変わりな石だ。現地の説明パネルには、二上山の噴火時、この場所には大きな湖があり、火砕流はそこに流れこんで、水中で冷却、その後、隆起した岩が風化し、白い奇岩ができあがったと書かれている。近年は、サージ（ガス成分が中心の火山噴出物）の乱流の跡という説明もされている。

二上山は生駒山から続く奈良との府県境の山並にあるが、千五百万年ほど前、激しい活動をした太古の火山である。現在、関西に活火山はなく、火山地帯の印象はまったくない。しかし、二上山が噴火をくりかえしていた千五百万年前ごろ（新生代・新第三紀）、日本列島で最も火山活動の激しい地域だった。この太古の時代の火山を総称して「二上火山帯」という。

奈良の大仏のある東大寺の裏山である若草山にも、二上山と同じ時期の火山活動の痕跡（溶岩が固結した安山岩系の火山岩）がある。若草山はノシバ（天然の芝草）の自生地であり、観光客におなじみの鹿たちに豊富な草を提供している。毎年一月の山焼きによって、若草山という山名にふさわしい良質の草原が維持されてきた。ノシバは馬にとっても最良のエサであるので、記録には見えないが、馬の飼育地となっていた時代があるかもしれない。というのも、若草山のそばの興福寺は多くの僧兵を擁して、武士勢力が育たなかった奈良では最大の軍事力を誇っていたからだ。

神武天皇の伝説にゆかりの畝傍山《うねびやま》（奈良県橿原市《かしはら》）も「二上火山帯」に属する。「日本書紀」によると、応神天皇が百済から贈られた馬は、畝傍山近くの「軽《かる》」という土地で飼われたと記されている。ここでも火山的地質と馬の飼育地が重なっている。

先述した「坂門牧《さかと》」の候補地である柏原市雁多尾畑《かりんどおばた》には、「雁多尾畑火山岩」がある。これも溶岩の痕跡だ。この地域と府県境を隔てて隣接する奈良県の信貴山《しぎさん》にも、火山岩の露頭が報告されているが、このあたりを地盤とした古代氏族に平群《へぐり》氏がいる。応神天皇の時代の少しあと、平群氏は朝廷の実権をにぎり、朝鮮半島での軍事でも活躍した。この一族が馬の飼育と深く結びついていたことが、一部の古代史研究者の間で注目されている（宝賀寿男『紀氏・平群氏：韓地・征夷で活躍の大族』）。

このように大阪の河内地方から奈良県にかけて、わずかではあるが火山的地質が見え、馬の飼育地となっている。しかし、あまりにも太古の火山であり、放牧に適した草原の面積は狭小だったはずだ。関西の馬産地がやがて地盤沈下するのは、都に近いため開発が盛んで、放牧にふさわしい原野が早い時期に縮小したからだが、もうひとつの要因として、はじめから馬のエサとなる草の多い原野が少なかったという事情がある。

河内の風土と武士

二上山の溶岩のうち、緻密で硬いガラス質の安山岩はサヌカイトと呼ばれ、旧石器時代から弥生時代にかけて、刃物や矢尻として使われていた。この地のサヌカイトは関西を中心として広く流通しており、長野県の黒曜石とともに最も良質な石器素材として有名だ。二上山の噴火場所はいくつかあるが、サヌカイトが形成されたのは羽曳野市側だった。

河内地方の土地柄についてはさまざまなことが言われているが、サヌカイト産地であることによって、関西の中では縄文的な風土が色濃いということがいえる。それは狩猟の文化、弓矢の文化である。河内源氏の面々が、血縁によって、縄文人あるいは古墳時代の傭兵と結びつくわけではないが、羽曳野市では、縄文時代、古墳時代、武士の時代、三つの時代の層が重なり、独特の歴史的風土を形成しているようで興味深い。

平安時代後期の陸奥国《むつのくに》（東北地方）で起こった戦争「前九年の役」を主題とする軍記文学「陸奥話記」によると、この戦で活躍した、河内源氏の二代目である源頼義は、史上稀《まれ》に見る弓矢の名手（原文「射芸の巧」）であった。頼義は皇族のお伴として、狩りに行くことが多かったというが、原野を走る鹿、狐、兎はことごとく、彼によって仕留められたとも記されている。当時の名将のひとり平直方《たいらのなおかた》が、「弓矢の技があなたほど達者な人はいない」と敬意を伝え、自分の娘との縁談を願い出たという。

鎌倉幕府の記録を載せる「吾妻鏡」によると、幕府の体制が整いつつあった建久四年（一一九三年）、源頼朝は主だった家臣をともない、那須、富士山麓で相次いで大規模な狩りを挙行している。「吾妻鏡」の記録の中でもクールな印象の強い頼朝だが、富士山麓で息子の頼家が初めて鹿を射止めたときは、感情を高ぶらせている。即刻、鎌倉にいる妻の北条政子に知らせたにもかかわらず、政子にスルーされたという少し滑稽な記事がある。頼朝の過剰な喜びようは、河内源氏の伝統にとって弓矢の技量が特別な価値を持っていたことを示唆している。

河内源氏のいた羽曳野市からすこし南に行くと、南北朝時代に南朝の雄であった楠木正成《くすのきまさしげ》が拠点とした千早城《ちはやじょう》（南河内郡千早赤阪村）がある。後醍醐天皇が鎌倉幕府の打倒を目指す戦いを始めたとき、関西の武士の中核を担ったのが楠木正成だった。その出自や背景についてはさまざまな議論があるが、謎の多いこの武将も、河内地方に見える強兵の伝統の動かぬ証拠である。

鎌倉幕府を樹立した源頼朝。鎌倉幕府を瓦解させる立役者となった楠木正成。この二人がそろって、河内国にかかわっていることひとつを見ても、この地域には特別な「武」の伝統があるように思えてならない。

「武士の時代」と馬具の革新

日本史の教科書のうえで、「武士の時代」は一二世紀に始まる。平清盛と源頼朝による武士政権が出現する時期だ。

奈良の朝廷にも武官、兵士はいたし、平安時代、坂上田村麻呂《さかのうえのたむらまろ》のような歴史に名を残している武官もいるが、平清盛や源頼朝のように朝廷に介入し、武力を背景に政治を主導することはなかった。なぜ、「武士の時代」は一二世紀に始まったのか。この章の最後に、馬具の歴史を踏まえてこの問題を取り上げてみたい。

「武士の時代」の幕開けと同じころ、画期的な技術革新が達成された。「一二世紀の舌長《したなが》鐙《あぶみ》の出現である」（津野仁『日本古代の軍事武装と系譜』）。

鐙《あぶみ》とは、乗馬のとき足を乗せるための馬具。舌長鐙は文字どおり、巨大なベロのような鉄の板に足を乗せる形状だ。東洋、西洋を問わず、鐙は輪の形が標準である。電車のつり革のような形状で、輪に足をかける。鉄のスリッパのような舌長鐙は、世界で最も珍奇な形状らしい。

輸入文化なのだから当然だが、日本の馬具はほぼすべて輸入品の模倣である。その中で足を乗せる鐙だけが、独自の形態をもつことがかねてより注目されている。なぜ、日本の鐙は風変わりなのか。いくつかの説明がなされている。

舌長鐙の前段階とされる壺型の鐙は、早くも五世紀に出現している。木（のちには鉄）で作った靴先のような形の鐙だ。中国にも朝鮮半島にも存在しない壺型の鐙については、「騎乗に下手な農耕民であったわが古墳時代人」がなんとか馬に乗るために発明した馬具であるという説があった（山田良三「古墳出土の鐙の形態的変遷」『日本考古学論集8』所収）。初心者用の馬具だったという解釈だ。しかし、その後、乗馬に慣れた世代が世界共通の輪の形をした鐙に進んだかというと、反対により安定性のある舌長鐙を求めている。

これについて、流鏑馬《やぶさめ》の関係者は以下のように解説する。

世界とかけ離れた鐙が発達したのは、その使用目的が決定的に異なるからであると考えられる。つまり、日本の鐙は、足を鐙に懸けて体を支えるのではなく、足で鐙を踏んで乗馬するという発想の下に造られているのである。（寒川神社『神馬の蹄跡』）

流鏑馬では、鞍からお尻をわずかに浮かせることで、乗馬にともなう振動を抑え、弓矢を正確に射ることができるという。「立ち透かし」と言うらしい。ものすごいスピードで走る馬の背に乗りながら、みごとに的を射貫く流鏑馬の妙技は、舌長鐙がもたらす安定感によって可能になるのだ。

五世紀に馬が導入されたころ、当時の武人は馬上で弓を使おうとしただろうが、はじめのうちは、静止状態の馬から弓を射る程度のスローモーな動きしかできなかったのではないだろうか。日本の弓はあまりにも長大であり、馬に乗りながら扱うには相当の困難がともなうからだ。

馬上弓術に適した短弓を取り入れれば、すぐに解決できた問題のように見える。しかし、古墳時代の日本人は、縄文以来の長弓を馬上で使うことにこだわった。その試行錯誤の結果が、壺鐙から舌長鐙に至る歴史なのだろう。

一二世紀に革新的な舌長鐙が出現した理由は、武士による戦闘が増えて、より良い馬具への需要が高まり、熱心に研究開発がなされたからだろう。しかし、舌長鐙の出現が武士の戦闘力を飛躍的に高め、「武士の時代」を招き寄せたともいえる。原因と結果の関係は錯綜しているが、新しい時代を切り開いた主役は「馬に乗った武士」たちであったことを確認しておきたい。

第二章　九州——火山と馬産地

九州南部に継承される牧の伝統

この章では九州南部に視点をすえて、馬の歴史を展望したい。日本列島の火山的風土から馬産地と武士の文化が形成された——という本稿のテーマを、最もあざやかに体現しているのは九州南部である。

まず、問題になるのは、日本列島に馬の飼育という文化が入ったのは、九州が先なのか、それとも関西が先なのかという点である。水田稲作については、九州北部から瀬戸内を経て関西、東海へという伝播が模式図になっているが、馬の飼育については、九州、関西ともに同じ五世紀に本格化しており、考古学的な手法で伝播ルートを復元するのは難しいらしい。

ただ、古墳などから出土する馬具や武具について、九州に特有の形式があるとは報告されていないし、朝鮮半島に特有の土器など、渡来系の人たちの痕跡があることも共通している。そうした状況証拠をもとに、ヤマト王権の影響下、渡来系の専門家の指導をあおぎながら、関西とほぼ同時期に馬の飼育が始まったと考える研究者が多いようだ。

五世紀後半には、九州南部でも馬の飼育が本格化している。どこに牧があり、どのように運営されていたのか。それが判明する史料、遺構はないのだが、平安時代の牧については具体的な記録が残っている。そこから古墳時代の九州のようすを推測することはできる。

平安時代の行政資料「延喜式」には、「勅旨牧《ちょくしまき》（御牧《みまき》）」と「諸国牧」という朝廷が管理する二種類の牧についての記述がある。80〜81ページの**地図3**で示しているとおり、朝廷の牧の大半は関東近辺に集まっており、西日本ではほとんどの牧が九州にある。馬産地の地域的な偏りは、「馬の日本史」を考えるとき、最も重要なデータである。

勅旨牧があるのは、信濃国（長野県）、甲斐国（山梨県）、上野国《こうづけのくに》（群馬県）、武蔵国《むさしのくに》（東京都、埼玉県、神奈川県の一部）の四か国で、朝廷に届ける馬の数が決められていた。馬寮《めりょう》（朝廷で馬関係を担当する役所・官人）が所管する勅旨牧は朝廷、天皇家との関わり

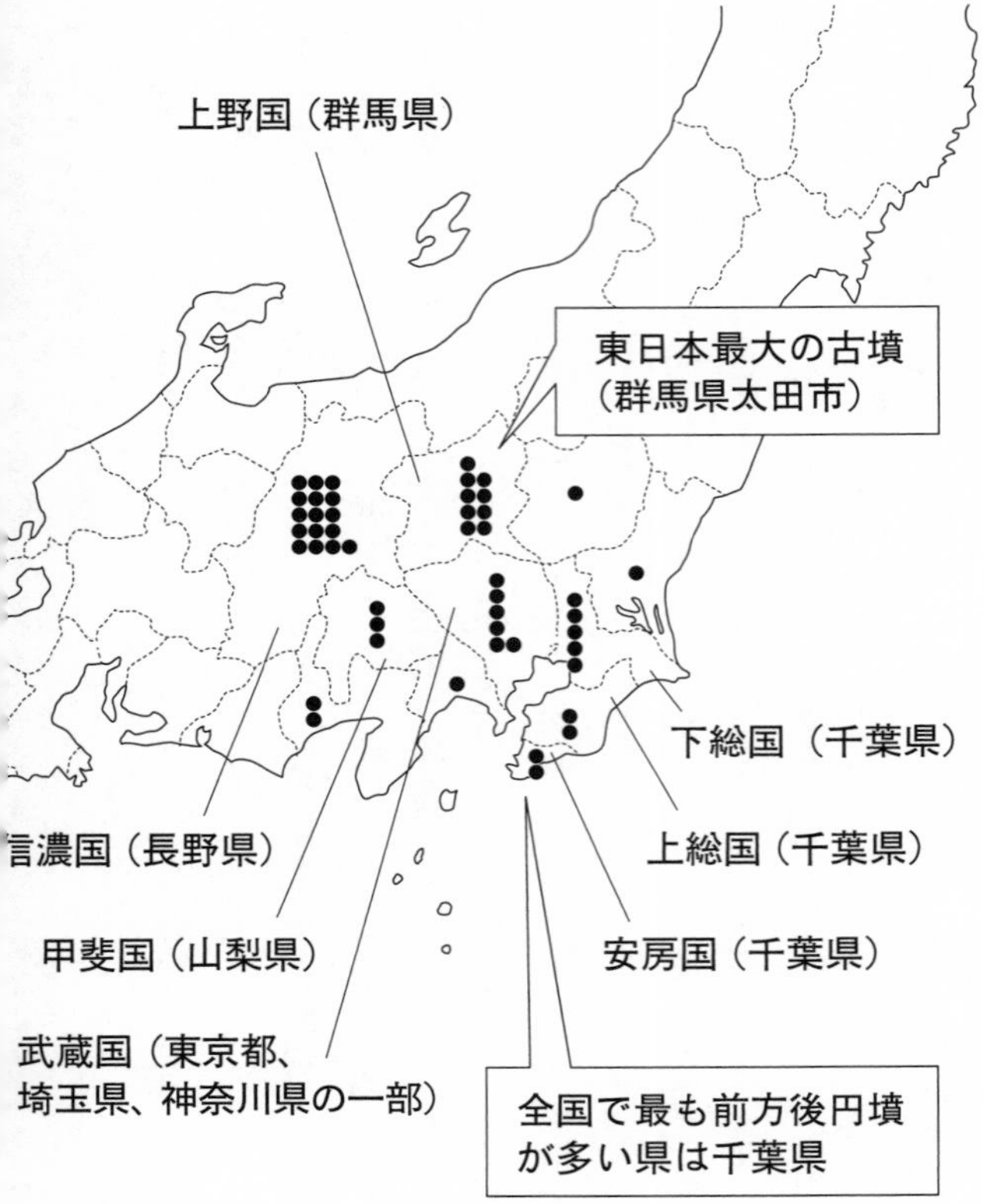
上野国（群馬県）
東日本最大の古墳
（群馬県太田市）
下総国（千葉県）
信濃国（長野県）
上総国（千葉県）
甲斐国（山梨県）
安房国（千葉県）
武蔵国（東京都、
埼玉県、神奈川県の一部）
全国で最も前方後円墳
が多い県は千葉県

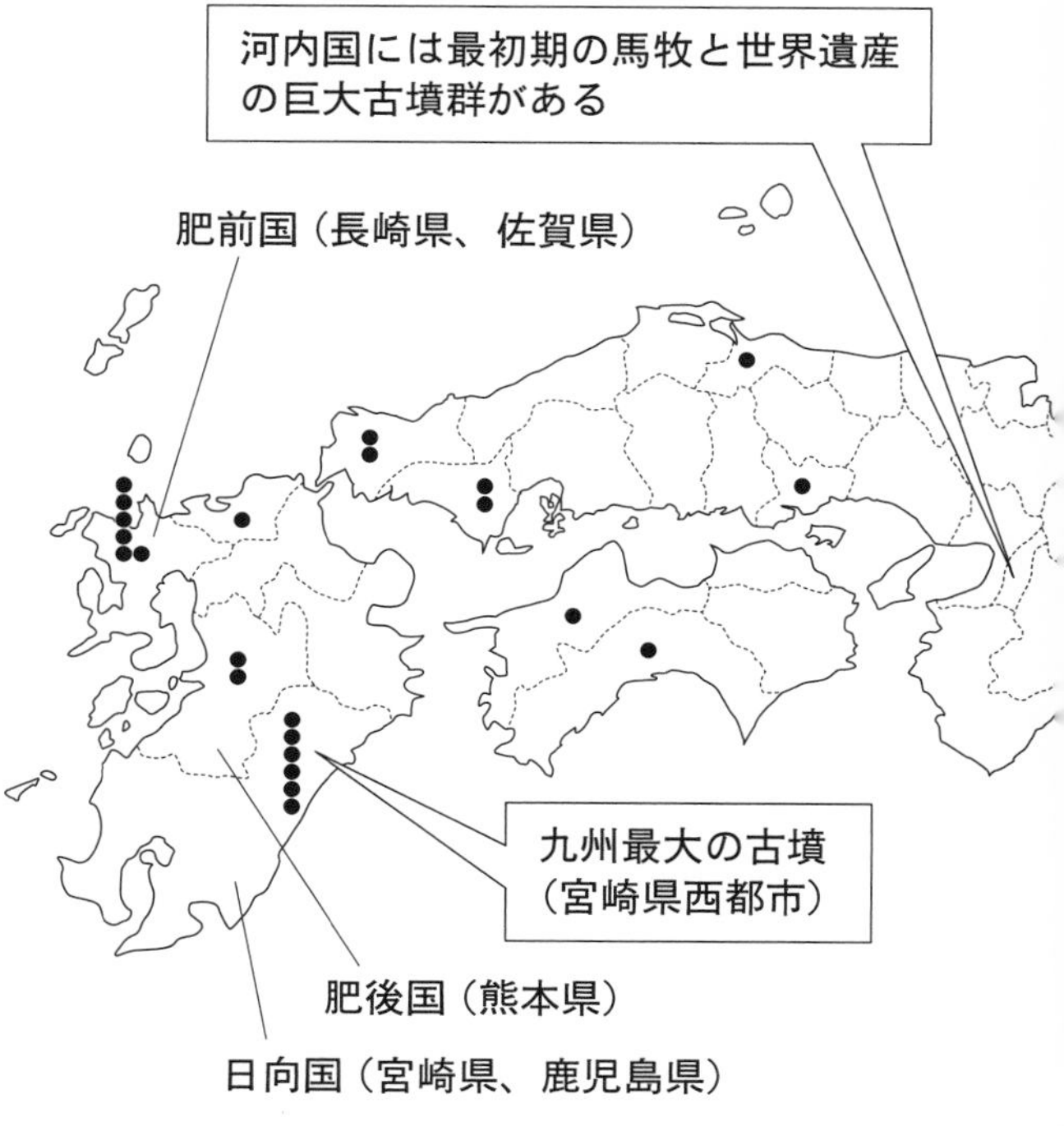

地図３　馬産地には古墳文化の繁栄が見える

●は平安時代の「延喜式」に記載された朝廷の牧の国別の数。勅旨牧と諸国牧、牛牧をふくむ。

が強い。兵部省《ひょうぶしょう》（律令制八省のうち、軍事を担当）所管の諸国牧は地方の軍事との関係が指摘されている。二種類の牧の運営方法や管理体制の違い、設置、消滅の時期などははっきりしないことが多い。

諸国牧のある十八か国のうち、牧の数が最も多かったのは日向国《ひむかのくに》（宮崎県、鹿児島県）、肥前国（長崎県、佐賀県）という九州にある二つの国だった。牛牧をふくめた数だが、いずれも六か所の牧があった。九州ではほかに、肥後国（熊本県）に二か所の馬牧、筑前国（福岡県）に一か所の牛牧が設置されていた。

蘇我氏が朝廷の最高実力者であったころ、推古天皇は蘇我氏を讃えて、「馬ならば日向の駒」のようだと詠《うた》っている。古代の日向は名馬によって知られる土地だったのだ。肥前国は牧の数では日向国と同数だが、その後の時代もふくめて、離島や半島を活用した牧が多かったようだ。九州での黒ボク土の分布も圧倒的に南に偏っており、九州北部に広大な草原が広がり、大規模な牧が設定されていた痕跡はみえない。

日向国の諸国牧六か所のうち、馬牧は野波野、堤野、都濃野《つのの》の三牧である。その所在地がどこにあるかという議論は江戸時代から続いているが、史料も物証もないのだから結論を見出しがたい。これはほかの馬産地についても同様である。本稿では所在地の特定には深入りせず、それぞれの地域が馬産地として成り立つ地理的条件を探ることに集中したい。

現在、日向というと宮崎県の別名のようになっているが、古くは鹿児島県をふくむ九州南部全体を日向といった。また、江戸時代の薩摩藩は現在の宮崎県の一部をふくんでいる。ここでは宮崎県、鹿児島県を区別せず、九州南部として一体的に取り上げてみたい。

現在の鹿児島県、宮崎県に馬の牧場は目立たないが、食肉用の牛の飼育頭数では、北海道に次ぐ、二位、三位を占める。両県にまたがる霧島山のまわりの火山性草原は、貴重な観光資源にもなっている。九州南部には古代馬産地を形成した広い草原があり、それは現代の経済活動にも反映されていることがわかる。

西都原古墳群の国宝馬具

前章では世界遺産の巨大古墳が大阪・河内地方にあり、そこが古代馬産地でもあることに着目して繁栄の背景を探ってみた。それを踏まえて古墳時代の九州を見ると、看過できない事実に気がつく。九州にあるすべての古墳を大きさの順に並べると、一位の女狭穂塚《めさほづか》古墳（一七六メートル）をはじめ、ベストテンのうち六つを宮崎県の古墳が占めていることだ。三位の唐仁大塚《とうじんおおつか》古墳（鹿児島県東串良町《ひがしくしらちょう》、一五四メートル）をふくめ、九州南部に大型古墳が集中していることは明らかだ（『前方後円墳集成』九州編）。

現在の九州の中心は福岡県だ。弥生時代以来のほとんどの時期、九州北部は南部よりも経済的に豊かだったと考えられている。九州北部は外交、貿易の拠点であることに加え、九州の政治的な中心でもあった。ところが、古墳のサイズを見るかぎり、古墳時代は九州南部のほうが繁栄しているように見える。九州の歴史のなかで特異な時代である。

地域経済の繁栄を知る指標として、古墳の副葬品にも目を配りたい。応神陵古墳の副葬品だという説のある金銅製の国宝馬具については、前章で紹介した。「国宝」を取り上げるのは、古墳時代の当時も飛び抜けた経済価値を有していたことが確実であるからだ。ここで注目したいのは、宮崎県西都《さいと》市の西都原《さいとばる》古墳群の近くでも同じような金銅製の馬具のセット（鞍、鏡板、杏葉《ぎようよう》など）が出土し、国宝に指定されていることだ。

宮崎県の国宝馬具には複雑な来歴があって、地元農民によって発見されたあと、個人コレクターの所有を経て、現在は五島美術館（東京都世田谷区）に収まっている。東急電鉄の実質的な創業者である五島慶太のコレクションがもとになっている美術館である。

五島美術館に国宝馬具を見に行ったら、「大阪・誉田丸山古墳出土の馬具類（国宝）に匹敵する」という説明文が添えられていた。誉田八幡宮の宝物館と違って、照明をはじめとして展示環境が良いせいもあり、一段と輝いて見える。「匹敵」という文面が謙遜にみえるほど、素人目にもみごとな馬具だ。

古墳時代の馬具については、朝鮮半島、中国など海外の出土品との比較にもとづく詳細な学術研究が進んでいるが、この分野の第一人者である桃崎祐輔氏は「なぜ日本列島には、こんなに多様で、すばらしい馬具が集中するのか不思議だ」と述べている（『馬：アジアを駆けた二千年』）。

こうした出土状況は、日本列島での騎馬文化の盛んだったようすとともに、古墳時代の列島各地の経済力を反映しているはずだ。宮崎県出土の国宝馬具を踏まえるならば、その購買力の源泉を馬産地としての繁栄に求めてもいいのではないだろうか。

関西以外で最大の古墳がある場所は、平安時代、朝廷の馬牧がなかった岡山県西部の吉《き》備国《びのくに》なので、古墳時代の繁栄のすべてを馬産地によって説明できるわけではない。しかし、宮崎県をはじめ、古代の馬産地に他の地域よりも大きな古墳が目立つのは否定しがたいことだ。その背景に見えるのは、火山によってできた草原の広がりである。

日本史上最大の巨大噴火がつくった草原

宮崎市内から西都市まではバスでほぼ一時間。注意していなければわからないほど、ゆるやかな傾斜の道路を上った先は標高数十メートルの台地で、三百基を超す古墳が密集している。南北四・二キロメートル、東西二・六キロメートルの「西都原古墳群」は、国内最大級の古墳群のひとつである。

大阪府にある世界遺産の古墳群が、住宅密集地に古墳が保存されている都市型古墳群であるのに対し、西都原古墳群は家も畑もない草原の中に古墳が点在している。古墳群の全体を見学するのに半日がかりだったが、険しい顔をした古墳マニアよりも、ハイキング気分の家族連れが多かった。この近辺にもあったかもしれない古代の放牧地を想像させる、緑の輝きに満ちた美しい古墳群だ。

西都原《さいとばる》のように、「原」を「はる/ばる」と読む地名は九州に多いが、単なる原っぱではなく、台地をさすことが多い。地名は名字に転ずる。宮崎県知事をつとめていた、そのまんま東こと東国原《ひがしこくばる》英夫氏の名字はその一例である。

九州南部に「原《はる》」と呼ばれる台地が多いのは、この地域に特有の地殻運動によって、海面や河岸が隆起したからだ。西都原はこちらの性格がつよい。もうひとつの理由である火山について、地元の考古学者、東憲章氏は、「いまから二万九〇〇〇年ほど前の始良《あいら》カルデラ（現在の鹿児島県錦江湾）の大噴火による火砕流や火山灰（中略）によって、平坦で広大な原が形成された」と解説している（『古墳時代の南九州の雄　西都原古墳』）。

日本列島で人間の暮らしの痕跡が確認できるのは約四万年前からだ。それ以降を日本史の範囲とするならば、始良カルデラ噴火は史上最大の火山活動である。大噴火のとき、成層圏まで届く噴煙の柱が生じた。それが倒壊して巨大な火砕流となり、九州南部のほぼ全域に広がった。火山灰は列島全体をおおった。西都市をふくめて九州南部のほぼ全域で、火山灰は五〇センチメートル以上、堆積した。鹿児島湾を中心として、このときの火砕流、火山灰によってできたシラス台地になっている。偏西風の影響でかなり東に偏っており、宮崎県側までシラス台地はつづいている。

火砕流エリアでは動物はもとより、樹木をふくむほぼすべての植物が死滅したが、数百年単位で植生が回復するとき、まず草が生えてくる。その草原を目当てに鹿などの草食動物が集まる。やがて人間の営みが再び始まった。そうした火砕流台地（シラス台地）は縄文人にとっては望ましい居住環境だった。一万年前の縄文時代の定住集落として話題になった国史跡の上野原遺跡も、霧島市のシラス台地のうえにある。

遺跡や遺物の数によって、文字記録のない時代の人口を推計する手法がある。それによると、縄文時代の九州南部の人口は、九州北部の三倍ほどあり、西日本では飛び抜けて人口の多いエリアだったと推定されている（鬼頭宏『図説　人口で見る日本史』）。九州南部、関東、東北北部。古代からの馬産地を見ると、いずれも縄文時代、人口が多かったエリアで、有名な縄文遺跡のほとんどはこの地域にある。縄文人が好んだ火山的な風土――日当たりが良く、乾燥した台地は馬牧にも適しているからだ。

西日本最大の馬産地だった薩摩藩

どの馬産地についても言えることだが、古墳時代の牧の遺構は乏しいので、古代の牧がどのように江戸時代の牧につながっているのか判然としない。ただ、わずかな史料を見るだけでも、九州南部（鹿児島県、宮崎県）が古代、中世、近世を通して、西日本で最大の馬産地だったことは確実だ。

江戸時代、馬の目利きが書いた「産駒地名録」という作者不詳の文献がある。そこには全国各地の馬産地への評価があるが、「九州にては薩摩駒を第一とす。肥後これに次ぐ。平戸、五島等之駒は遥に劣れり」と記されている。この文面は馬の質を言っているようだが、産地の規模についても同じ順番と考えていいだろう。

安永六年（一七七七年）の記録によると、薩摩藩直営の馬牧は二十か所ほどあり、五千九百七十六頭の馬が飼育されている。千葉県にあった幕府直営の馬牧には、合計五、六千頭の馬がいたというので、薩摩藩と幕府はほぼ同じ規模の公的な牧場を有していたことになる（『鹿児島県史　第二巻』）。

薩摩藩には民間の馬牧も多く、官民あわせて領国内に約十二万頭の馬が飼育されていたという記録も残っている。同じ基準の統計ではないので、単純な比較はできないが、東北北部の南部藩（岩手県北部、青森県東部）にもほぼ同じ頭数の馬が飼育されていた。ただ、体格にすぐれた南部馬のほうが商品価値は高かったので、馬産地としての格では南部藩のほうが上だろう。

明治時代の統計だが、朝鮮半島における馬の飼育頭数は約四万頭なので、江戸時代のころ、薩摩藩だけで朝鮮半島をはるかに上回る数の馬が飼育されていたのは確実だ。前章で述べたように、六世紀、九州から朝鮮半島へ馬を輸出したことが記録されているが、九州最大の馬産地である日向国が有力な候補である。

古墳時代の九州南部は、騎馬にたけた兵士を朝鮮半島に送り出す基地であった可能性もある。薩摩国が九州のなかでも最も武張った国柄であることは、戦国時代や幕末の動乱期のなかで実証されているが、想像をたくましくしてその遠因をたどると、古墳時代の戦闘経験、さらにその先にある縄文時代の狩猟生活に行き着くかもしれない。

戦国時代の末期、薩摩国は九州全土を制圧するほどの勢いを示していた。劣勢に立っていた豊後国《ぶんごのくに》（大分県）の大名、大友宗麟に泣きつかれた豊臣秀吉が、九州に向けて大軍勢を送り出す——という有名な史実につながる。島津氏の圧倒的な軍事力は、馬の保有数において、九州のほかの大名をはるかに上回っていたことも関係しているはずだ。

姶良カルデラと江戸時代の牧

鹿児島県の南半分は南北に長い鹿児島湾によって、東西ふたつの半島に分けられている。姶良カルデラの陥没地はほぼ鹿児島湾の北部に相当する。鹿児島港から湾内にある桜島にフェリーで向かうとき、海岸線に沿って切り立った崖が見えるが、これがカルデラの外輪山だとされる。桜島もカルデラの外輪山の一部である。海になっているのでその大きさを実感しづらいが、姶良カルデラの直径は約二〇キロメートルなので、国内最大級の阿蘇カルデラと同じくらいだ。このカルデラに注目するのは、薩摩藩の藩営牧場の分布をみると、主要な牧は姶良カルデラ縁部のシラス台地に位置しているからだ。

シラス台地は固まり方が弱い火砕流の跡地なので、水がほとんど地下に抜けてしまう。井戸を掘っても水の取得が困難だから、サツマイモなど限られた作物しか作れず、江戸時代になっても原野として放置されているところも多かった。馬牧はそうした荒れ地の有効活用策でもあった。

九州南部の三分の一ほどを占めるシラス台地は、黒ボク土の分布域とも重なっており、草原の植生が長期間つづいていたことがわかる。シラス台地はあまりにも広大で、「火山性草原」の語感にそぐわないが、火山活動が生みだした草原的な環境のひとつである。

藩営牧場で最大規模だった福山野牧（霧島市）は、鹿児島湾の東側のシラス台地にあった。戦国時代の末期、島津義久によって開設されたと伝わる。周囲約五〇キロメートル、最盛期には二千頭以上の馬が飼育されていた。当時の日本では最大クラスの牧だ。一八世紀、江戸・安永年間、鹿児島湾に浮かぶ桜島の噴火で、千頭ほどの馬を失う被害を受けた。

もうひとつの有名な藩営牧場、吉野牧（鹿児島市）もカルデラ外輪山の一部とされるシラス台地にあったが、明治になってすぐに閉鎖された。明治六年の政変で大久保利通らと対立し、薩摩に戻った西郷隆盛が、若い信奉者たちを率いて吉野牧の開墾に乗り出したことは、NHK大河ドラマ『西郷どん』でも描かれていた史実である。

鹿児島湾すなわち姶良カルデラに面したシラス台地の縁部は、崖になっている所が多く、崖の高さが一〇〇メートルを超えている所も珍しくない。この崖の上に広がる台地に牧が設置されたのは、崖が「柵」の役割をはたして馬の逃亡を防ぐからだ。

鹿児島と宮崎の両県にまたがるように霧島の火山群があり、そのまわりには典型的な火山性草原もある。土壌が薄く、透水性の高いところに、草原的な環境が広がることは序章で述べたとおりである。えびの高原をはじめ、風景美を誇る観光地でもある。

阿蘇山のカルデラ内部やそのふもとにも、明るさに満ちた火山性草原が広がっている。「延喜式」には肥後国に二か所の馬牧が見えるが、阿蘇周辺の草原が放牧地になっていたのだろう。

鹿児島県の姶良カルデラ、熊本県の阿蘇カルデラだけでなく、九州南部には超巨大噴火の痕跡であるカルデラが点在し、それぞれに火山性草原やシラス台地をつくりだしている。文献上の記録とはなかなか結びつかないが、古代からそうした場所には牧が開かれ、馬が飼われていたはずだ。

仁徳天皇と結婚した日向国の姫

古代の蘇我氏、藤原氏にはじまり、平清盛、源頼朝、徳川家康など歴代の実力者は、自分の娘や孫を天皇家に送り込み、皇室との関係を深めようと政治力の限りを尽くした（頼朝については娘の急死で結婚の計画は頓挫）。それに次ぐ有力氏族も同じようなことをしている。逆から言えば、天皇家の配偶者は、各時代を代表するような富強の一族から出るということだ。そのような観点から、九州南部の歴史を見てみよう。

昭和天皇の妻（皇后）は、母親が薩摩藩の最後の藩主だった島津忠義（小説や時代劇でも有名な国父様こと久光の子）の娘だから、現在の天皇家は島津氏の血縁者だ。島津忠義は、現在の上皇（平成時代の天皇）にとって母方の曾祖父なので、意外と近い親戚である。島津忠義は乗馬の名手であり、馬上弓術の訓練でもある犬追物《いぬおうもの》に長けていたと伝わっている。江戸時代の薩摩藩は、馬術の盛んな藩としても知られていた。馬産地を背景とした伝統であることは言うまでもない。

島津氏が天皇家と血縁によってむすびついたのは、薩摩藩と長州藩が中心となって実現した明治維新の副産物だ。勝ち組となった島津氏は、明治から戦前までの貴族（華族）社会で一流の氏族として遇された。

島津氏の先祖を惟宗《これむね》氏といい、渡来系の秦《はた》氏から分かれた一族だ。摂関家である近衛家（藤原氏）に仕えていた惟宗（島津）忠久が、母方の縁者とのかかわりによって鎌倉に下った。この人が島津氏の始祖となる。天皇家に娘を送り出すことなど思いもおよばない中級、下級氏族である。公家の流れといえなくはないが、九州の大名にすぎない島津氏の歴史のなかで天皇家との婚姻は前代未聞のことだった。

しかし、「日本書紀」の記述を信じるならば、古墳時代にも九州南部の豪族と天皇家が婚姻によって関係をもっていた時期がある。ありえないような婚姻がくりかえされているのだ。

諸県君牛《もろかたのきみうし》という日向国の豪族には、髪長姫《かみながひめ》という美人のほまれ高い娘がいて、仁徳天皇と結婚したという。一夫多妻の時代とはいえ、天皇の配偶者といえば、ほとんどは皇族か、都周辺の有力氏族の出身者だ。この時代、地方出身の女性が天皇に嫁ぐ事例はきわめて珍しい。しかも日向国は日本列島の南の端にある。特殊な歴史的背景があったと考えるほかない。

諸県君牛という名前のうち、諸県が一族名、「君」は社会的属性を示す古代の姓《かばね》で、地方の豪族層に多い。牛が個人名ということになる。「日本書紀」の別伝では、角のついた鹿の皮をかぶった異様な風貌で描かれている。そうした外見と「牛」という名前からの連想にすぎないが、馬、牛の飼育を経済基盤として、社会的地位を高めた人物像が思い浮かぶ。日向国に土着の人たちなのか、それとも外来の入植者なのか、諸県氏の一族的な背景についてはまったく記録がない。

諸県《もろかた》は宮崎県南西部と鹿児島県の一部をふくむ広域地名で、郡名として明治以降も継承された。霧島の火山群の東側にあたる。島津氏の発祥地（名字の地）である島津の地名も諸県郡にあった。現在の宮崎県都城市だ。姶良カルデラ噴火の火砕流は都城市、宮崎市あたりまで延びているので、シラス台地の分布域にもなっている。証拠となる史料はないが、古代から馬が飼育されていてもおかしくない場所だ。

諸県君牛の娘の結婚相手である仁徳天皇は、世界遺産の古墳群を代表する大山《だいせん》古墳（仁徳陵古墳）の被葬者とされている。仁徳陵古墳のある大阪府堺市は和泉国《いずみのくに》のエリアだから、古代馬産地である河内国とは別枠で見てしまいがちだが、古くは河内国の一部だった。

御崎馬——絶景の地で暮らす半野生の馬たち

残念ながら、江戸時代、薩摩藩の藩営牧場で飼われた馬の子孫は絶滅しており、日本固有の在来馬のリストには載っていない。宮崎県串間市にいる御崎馬《みさきうま》が、離島を除けば、九州南部で唯一の在来馬だ。

江戸時代の宮崎県は、高鍋藩、飫肥《おび》藩、佐土原《さどわら》藩などの小藩と島津氏の領地に分かれていたが、それぞれに藩営の牧場、民間の牧があった。

宮崎県でも最も南にある串間市、さらにその南端の都井《とい》岬に、百二十頭ほどの馬が自然放牧されている。ほとんど人手を介さず生息する価値が認められ、馬としては唯一、国の天然記念物に指定されている。観光ガイドなどには「野生の馬」と紹介されているが、序章で紹介したように学術的には feral horse（再野生化した馬、半野生の馬）である。

完全な放し飼いなので、広い放牧地のどこに馬がいるかは、その日の馬の気分次第。車でなければ、馬の群を探すのは大変と聞いていたので、レンタカーを借りてＪＲ串間駅から都井岬に向かった。三十分足らずで、入場料を支払うゲートに到着、その先の道路は放牧エリアとなっている。細長い岬の先端部全体が放牧地になっているので、一方向を閉ざすだけで馬が逃げる心配はなくなる。半島や岬の地形を利用したこのような牧は全国各地にあった。

海のそばを走る快適なドライブコースだが、油断していると、馬が悠然と車道を歩いている。放牧地は五・五平方キロメートル。しばらく、うろうろしたあと、比高五〇メートルほどの丘のような場所に十八頭の馬の群がいるのを見つけた。ほかに来訪者もなく、び

半野生の馬として知られる御崎馬

くびくしながら接近したのだが、まったく気にするそぶりもなく、黙々と草を食べ続けている。睡眠中以外のほとんどは食事時間で、一日に四〇キログラム（生重量）ほどの草を食べるそうだ。

毛の色は茶褐色のものが大半で、体高（地面から肩甲骨の最も高い部分までの高さ）は大きい馬でも一三〇センチメートル台なので、サラブレッドなどに比べるとずいぶん小さい。

放牧地は海岸線にそって広がる丘陵地である。豊かにふりそそぐ南国の太陽、海と空のブルー、それを背景に草をはむ馬たち。絵になりすぎるほど美しい風景だ。

江戸時代には藩営牧場のほか、八十か所の民間の馬牧が同市域にあり、官民合わせて六千頭ほどの馬が飼育されていた。相当の規模の産地である。

文献のうえで確認できる歴史は、江戸時代初頭、高鍋藩が藩営の牧を開いたときからで、それ以前のことはいっさいわからない。放牧地からは少し離れているが、串間市内には前方後円墳をふくむ古墳が残っている。古墳時代の牧があってもおかしくない地域だ。御崎馬が古墳時代の馬の子孫であると考えるのはごく自然なことだろう。

草原と林がセットになった放牧地

都井岬では江戸時代から現在まで、春夏秋冬、一年を通して放し飼いをする通年放牧が続けられている。江戸時代までの言葉で言えば、「野馬《のま》」としての飼育だった。明治時代になって、高鍋藩の放牧地は地元の住民に払い下げられ、農耕や運搬用の馬として飼育されていた。戦後、自動車や農業機械の普及により、全国の馬産地が次々と消滅するなか、この地でも販売のために馬を飼育する時代は終わった。しかしその後も、この放牧地が存続できたのは、海と草原の風景美によって、観光的な価値があったからだ。

串間市役所の職員と地元の人たちが、遠巻きに監視しているので、完全な野生状態とはいえないものの、人間による手助けは、野焼き、草刈りをして草原の状態を維持することくらい。伝染病のほかは、病気、けがの治療もおこなっていないから、弱い個体は生き残ることができない。シマウマ、ロバなどのウマ科の野生動物は、一夫多妻制の集団（学術用語ではハーレム）をつくって暮らすことが報告されているが、この地の御崎馬についてもそうした生態が観察されている。雄馬は闘争し、勝った馬だけが雌馬を囲い込み、子孫を残すことができる。

御崎馬の保護、監視をするメンバーの秋田優氏は、串間市の職員だが、大学、大学院では動物学を学んだ専門家だ。御崎馬の特徴を、「在来馬の中では体型が最もシャープで、きれいな筋肉が付いている。それはこの地がもともと藩営の牧場で、武士の馬の血統であるからです」と説明してくれた。

野生の芝草であるノシバ。白っぽい穂ができるチガヤをはじめとするイネ科植物。そうした雑草がここの馬たちの主食だが、冬になってそれが枯れると、ササの葉や常緑樹の葉を食べて、春の到来を待つそうだ。

宮崎県は年間降水量の多い県だが、快晴日数の多さでも全国トップクラス。雨量の多くは台風や集中豪雨が襲う夏に集中しており、それ以外は晴れの日が多いためだ。馬にとっては悪くない気象条件である。雨が降ると、馬たちは草地のまわりにある林に入って、できるだけ濡れない場所ですごしているそうだ。放牧地の林は、暑い時期に馬が日差しを避けるための場所でもあった。薩摩藩の藩営牧場では、馬に涼しさを提供するため、茅葺きの屋根を所々に設けていたという記録もある。

現在、こうした自然放牧がおこなわれているのは、当地と青森県下北郡東通《ひがしどおり》村の二か所だが、訪ねてみると、いずれも放牧地に隣接した林が見えた。馬の放牧地というと、草だけが広がる大草原の風景を連想させるが、日本の放牧地には樹木の密集した林の存在が欠かせないことがわかる。雨や雪、暑さから馬たちを守るだけでなく、常緑樹は冬のあいだの食糧にもなるからだ。草原と林がセットになった風景が、日本の放牧地の典型なのだと思う。

私が訪れたのは十一月末だったが、日差しは温かく、草原は緑の輝きを保っていた。一日中、草を食べ続ける馬の群がいるのに、草が残っているのが不思議だ。秋田氏の説明によると、「馬の食べ方は、芝刈り機と同じです。根こそぎ食べることはないので、次々と新しい葉が生えてくる」のだそうだ。それにしても、驚くべき植物の繁殖力である。

世界各国でフィールド調査をくりかえしている地理学者の水野一晴氏は、日本列島の植物環境について、「日本に住んでいると当たり前だと思っているが、日本列島は熱帯を除

く と世界でもっとも植物が豊富なところなのだ」と明言している(『自然のしくみがわかる地理学入門』)。日本各地の馬産地で、自然の植物だけに頼る「通年放牧」を営むことができたのは、多様性をもち、活力のある植物群のおかげでもある。

放牧地の土は真っ黒で、典型的な黒ボク土だった。その層の一部は一メートルに達し、縄文時代あるいはそれ以前から草原であってもおかしくない場所だ。

黒ボク土を拒否した弥生文化

宮崎県の西都原古墳群を訪れたときも、古墳エリアのそばの農地で黒ボク土を見た。隣接の畑は赤味を帯びた茶色の土だったのが不思議で、作業中の男性に尋ねたのだが、黒ボク土は扱いにくいので、その下の層にある土と入れ替えることが多く、色の違う畑が隣り合っているという説明だった。しばらく立ち話をしたのだが、印象深くてメモに残したのは、「黒ボク土でコメができないわけではなく、きれいな粒をしたコメが収穫できる。それが驚くほどまずい」という言葉だ。黒ボク土は水田稲作に向いていないというのが定評だが、それは技術的な困難さに加え、コメができても美味しくないということ、つまり商品性の高いコメをつくることが難しいという意味をふくむことを初めて知った。

九州北部に定着した水田稲作の文化は、隣接地である九州南部ではあまり普及せず、瀬戸内地方を経て、関西、東海へと広がっている。瀬戸内から東海までは百年くらいで順調に広がっているのに、そこで急ブレーキがかかり、東海に接する関東にコメ作りが定着するまで、さらに数百年の時間がかかっていることが知られている。縄文文化と弥生文化の境界線が話題になるとき、具体的事例としてよく言及されることだ。

北陸、東北地方のコメ作りも、黒ボク土だらけの太平洋側を避けるように、日本海側に広がっており、それは新潟県、秋田県のブランド米の現代史につながっている。弥生時代に見える水田稲作のいびつな普及状況。その原因は黒ボク土に代表される火山地帯の土壌がコメ作りに向いていないことを、弥生時代の人たちも経験的に知っていたからだ——農業学者の藤原彰夫氏は『土と日本古代文化』でそう述べている。

弥生時代、日本列島に水田稲作が広がるとき、みごとなほど黒ボク地帯を避けている。九州南部が国内有数の馬産地となった背景には、水田稲作に適していない土地で、いかにして生きていくかという切実なモチベーションがあったと思われる。それは関東、東北の馬産地についても言えることだ。弥生時代の地域格差は、その後の日本史を考えるうえで貴重なデータである。

世界でも稀な謎の土壌

なぜ、黒ボク地帯では水田稲作が普及しなかったのか。その謎に答えてくれる専門家を求めて、農水省関係の研究機関「農研機構」（茨城県つくば市）を訪ねた。レクチャーしてくれた高田裕介氏は、国内外をフィールドとする土壌研究の専門家である。

「水田稲作にかぎらず、黒ボク土は農地としての利用がとても難しい土壌でした。植物の成長に欠かせないリン酸と強く結合する化学的な性質を黒ボク土が持っているので、作物は栄養不足になってしまうからです」

高田氏によると、黒ボク地帯には戦前まで耕作されず、半ば放棄されていた土地が少なくなかったという。戦後、海外からの引き揚げ者の急増も重なり、食糧増産が大きな政治問題となったとき、国をあげて黒ボク土の農業利用に取り組むことになったそうだ。リン酸肥料の投与など化学的な知見によって黒ボク土の難点を克服し、現在は野菜や果樹など畑作農業の中核地になっている。千葉県や茨城県の近郊農業の産地はその一例だ。化学的な性質においては問題の多い黒ボク土だが、固結することがなく、耕しやすいという強みを持っている。

高田氏のレクチャーから、もうひとつ紹介したいのは、「黒ボク土は水持ちが良いのに、水はけが良すぎるという性質を併せもっている」という言葉だ。水持ちが良いというのは、黒ボク土がいつも湿気を帯びていることを示しており、一見、それに矛盾するようだが、水はけが良いとは、黒ボク層は水を溜める力に乏しく、水が下に抜けていくということ。従って、黒ボク土で水田をつくると、水の溜まりが悪い「ザル田」になる傾向があるという。黒ボク土は水が不足しがちな台地に多いうえに、こうした特質もあるのだから、弥生人が黒ボク地帯を避けて水田を広げたのも納得できる話だ。

説明を受けたのは、農研機構の「土壌モノリス展示室」（見学には予約が必要。平日のみ）という所だった。土壌モノリスとは、一メートル以上掘り下げた地面の断面（地層）を、そのままの姿で固定した標本だ。約三百点の土壌標本を収蔵、そのうち約六十点が展示されている。

専門家にとっては当然のことなのだろうが、私にとって最も印象的だったのは、黒ボク土の大半が、地層の一番上の層、つまり地面として見える土であることだった。日本列島の土壌が形成される歴史のなかで、黒ボク土は最も新しい土なのだ。熊本県の阿蘇山周辺のように三メートルの黒ボク土層がある場所もあるが、黒ボク土の層はだいたい五〇センチメートル以下の厚さだ。

黒ボク土は火山地帯に分布しており、時間軸のうえでは日本列島に人が定着する四万年前よりあとにしか見えない。十万年前、百万年前にも日本列島の火山は活動しているが、その時代、黒ボク土は存在しない。不思議な話だ。

黒ボク土は世界全体の土壌分布の一％未満だが、環太平洋の火山地帯に連なる南アメリカから、日本を経て、インドネシア、フィリピンという火山国で確認されている。「土壌モノリス展示室」では、こうした海外の黒ボク土を見ることもできる。

朝鮮半島に黒ボク土はほとんど見えないが、高田氏によると、北朝鮮と中国の国境にある白頭山という火山の周辺と火山島である済州島には黒ボク土があるそうだ。黒ボク土エリアに草原が広がり、馬産地になっているという状況は、朝鮮半島の最北部と済州島についても当てはまる。

〝発見〟された日本の黒ボク土

黒ボク土の学名のひとつはアンドソル（Andosols）。「暗土《あんど》」すなわち黒い色の土に由来する。命名者は第二次世界大戦後、アメリカの進駐軍とともに訪日した土壌学者らしい。

占領下の日本では食糧不足が深刻で、未利用だった黒ボク地帯の農地化が行政上の課題となっていた。アメリカの土壌学者は、この黒い土が欧米の土壌学のリストには載っていない未知の土であることを発見したのだ。

アメリカの検索サイトで調べてみると、Andosols だけでなく、Kuroboku soils（soil は土壌）と記された文章もかなり多い。海外の専門家のあいだでも「クロボク」は、日本の代表的な土壌としてそれなりに知られているようだ。

中央アジアのカザフスタンなどにある黒土（チェルノーゼム、ロシア語で「黒い土」の意味）は世界でも最も肥沃な土として知られており、黒ボク土と名称も外見もよく似ている。それなのに土壌としての性格が悲しくなるほど違っているのは、黒ボク土には過剰にアルミニウムがふくまれており、それが作物の成長に欠かせないリン酸と強く結合する性質があるからだ。そのため作物はリン酸を十分に吸収できず、順調に成長できないらしい。

こうした化学的な性質は、火山性の地質に由来すると考えられている。その影響は当然ながら樹木にも及ぶ。背の高い木々は十分な養分を吸収できないので、草地が目立つ環境となることは、前に述べた。

ここで確認しておきたいが、草原が形成されたのは、日本列島にもともと黒ボク土があったからなのではない、ということだ。草原の環境が長期間つづいた結果として、黒ボク土ができる。多くの地域では一万数千年前からの縄文時代のことだ。序章にも述べたとおり、黒ボク土形成のメカニズムは解明されていない。

ともあれ、いったん、黒ボク土が形成されると、いま述べたようなこの土壌の化学的な性質によって、草原的な環境が維持されることになったようだ。

黒ボク土がやっかいな土壌であることは、江戸時代の農学書にも書かれているそうだが、本格的な研究が始まったのは明治時代、欧米から科学的な農業研究が入ってきてからのことだ。黒ボク土の研究に最も早く取り組んだ農学者として関豊太郎の名が残っている。詩人で童話作家の宮沢賢治が、盛岡高等農林学校（岩手大学農学部の前身）に在学していたときの教師だった人だ。「グスコーブドリの伝記」の登場人物、クーボー大博士のモデルは関豊太郎だという説もある。

宮沢賢治には農学者としての一面もあり、黒ボク土に特有の酸性土壌の克服のため、石灰岩素材の肥料の普及に尽力した。出身地である岩手県花巻市の「巻」は「牧」に由来するともいわれている。

農研機構は「日本土壌インベントリー」というウェブサイトを開設し、日本列島のほとんどの地点について、土壌の種類を公開している（インベントリーとは目録の意味）。「土壌図」では地名検索によって、関心のある土地、自分の住む場所の土壌の種類を知ることもできる。

天孫降臨伝説と巨大古墳

黒ボク土の広がりに導かれて、岩手県まで視界を広げてしまった。古代の九州南部へ話を戻そう。

宮崎県に九州では最大規模の古墳があること。仁徳天皇に配偶者を送り出したこと。応神天皇にゆかりの馬具に匹敵する国宝馬具が出土していること。このように、五世紀ごろの日向国には信じられないほどの繁栄が見える。西都原《さいとばる》古墳群のある西都は、江戸時代には見える古い地名である。地名そのものが天皇家の発祥地であることをアピールしている。

九州南部の古代について考えるとき、天孫降臨神話を避けて通ることはできない。西都原古墳群はこの神話にもかかわりがある。

「古事記」などに記されている神話によると、天照大神《あまてらすおおみかみ》の孫にあたるニニギノミコトは日向の地に天降《あまくだ》って、当地のコノハナサクヤヒメと結婚し、その子孫が天皇家の始祖とされる神武天皇。西都原古墳群の男狭穂塚《おさほづか》古墳はニニギの墓、女狭穂塚《めさほづか》古墳はサクヤヒメの墓という名目で、宮内庁によって管理されている。

西都原古墳群は国内で初めて本格的な考古学調査が行なわれた遺跡としても歴史に名を残している。面白いのは当時の宮崎県知事の呼びかけによって、東大、京大、国立の博物館などの専門家による調査団が組織されたことだ。調査は大正元年（一九一二年）から行われたが、『『皇祖発祥の地』としての宮崎県の歴史を明らかにし、神話の史実性を立証するという時代的な背景もあった」と地元の考古学者、東憲章氏は述べている（『古墳時代の南九州の雄　西都原古墳』）。

天皇家の先祖の墓だという決定的な証拠はともかく、前方後円墳の発祥地が宮崎県であることが立証されるのではという期待があったようだが、調査結果は男狭穂塚古墳、女狭穂塚古墳の造営は、仁徳陵古墳などと同じ時期であるというものだった。考古学の調査としては、まっとうな結論だとしても、県知事をはじめ地元の人たちは落胆したに違いない。

中央から遠い場所に巨大古墳があると、天皇家やヤマト王権との特別の関係という視点から理解しようとするのが、大正時代の宮崎県知事に限らず、旧来のパターンだった。しかし、巨大古墳の造営には相当の財力が必要だ。地域にそれほどの経済力があったことをもっと評価していいのではないか。

宮崎県は黒ボク地帯であるうえ、水不足の台地が多く、コメ作りには向いていない土地が多い。九州南部は、金や朱（辰砂）、硫黄など火山活動に由来する鉱物の産地だが、西都原古墳群の出土品や古墳内部の装飾を見ても、黄金や朱による繁栄を思わせるものは見えない。宮崎県はその後もふくめて、鉄や銅の大産地でもない。馬産地としての経済力とそれを背景とする軍事拠点としての存在感のほかに、巨大古墳、国宝馬具、天皇家との婚姻に象徴されるこの地方の豊かさを説明できる要因はないと思う。

九州の古墳ランキングの第三位が、鹿児島県東串良町の唐仁大塚古墳であることは先に述べた。一五四メートルという大きさは、多くの県でナンバー1を確保できる堂々たる古墳である。これをふくむ四基の前方後円墳と百三十基以上の円墳によって「唐仁古墳群」を形成している。

御崎馬のいる串間市は宮崎県で最も南だが、市役所の近くに「福島古墳群」があり、六〇メートルほどの前方後円墳やいくつかの円墳を見ることができた。「唐仁古墳群」もふくめて、日本列島の最南端にこれほど濃密な古墳の分布が見えることに驚くしかない。

唐仁大塚古墳の所在地は現在、鉄道も通っていない地味な地域であるだけに、古墳時代の突出した繁栄が際立つ。この前方後円墳が造営されたのは四世紀末から五世紀前半とみられている。本稿が注目する馬の普及期の初頭にあたる。

東アジアの貿易圏における日本列島の特色は、火山列島であることであり、火山活動に由来する黒曜石、朱（辰砂）、水銀、硫黄、金、銀などの鉱物が、朝鮮半島や中国への主要な輸出品になっている。馬の飼育は九州をふくめて火山地帯に特有の産業なのだから、輸出品のリストに馬を加えることはごく自然なことだ。

ここまでの検討結果を踏まえると、九州南部の古代馬産地の全盛期は五世紀から六世紀ということになりそうだ。九州は朝鮮半島への馬の輸出、兵士、傭兵を送り出す拠点地としては有利な立地だが、都をはじめとする国内各地に馬を運ぶには、船に載せて関門海峡を越えなければならない。

日本と百済の連合軍が、唐と新羅の連合軍に大敗北を喫した白村江の戦い（六六三年）のあと、日本は朝鮮半島の政治と軍事から完全に手を引かざるをえなくなった。その後、朝廷の軍事力は、列島統一を目指す東北地方での戦いに投入された。そうした動きとも連動して、馬の飼育は輸出志向の産業としての性格を失う。やがて、日本列島の中心的な馬産地は、東日本の関東に移動するように見える。

第三章　関東――なぜ鎌倉に武士政権が誕生したのか

長野県から広がった東日本の馬文化

関東で馬の飼育が本格化するのは、関西や九州より少し遅れて、五世紀の後半以降といわれている。馬の文化が東日本に広がるとき、起点となったのが長野県飯田市だった。木曾山脈（中央アルプス）、赤石山脈（南アルプス）にはさまれ、天竜川に沿った伊那盆地の中核都市である。

天竜川は諏訪湖を源として南向きに流れ、静岡県の遠州灘に注いでいる。伊那地方はその中流域だ。馬の飼育地は天竜川流域を北上したあと、長野県から南の方向へは、山梨県を経て埼玉県、東京都、千葉県の房総半島へ、北の方向へは、群馬県など北関東を経て東北へ広がった。ただ、関西や九州より関東がやや遅れるという時間差は、五世紀の間のことで、その前後関係は微妙な問題だ。五世紀、九州と関東をふたつの中心地として馬の文化は一気に広がった——と、大まかに見ておいたほうが無難かもしれない。

五世紀半ば、飯田市をはじめとする伊那地方で突然のごとく、前方後円墳の造営がはじまる。飯田市だけでも二十九体分の馬の骨、歯が見つかっており、全国的にも突出した現象として以前から注目されていた。長野県にある前方後円墳の半分が、伊那地方に集まっていることにも目を奪われる。馬の飼育をきっかけとした地域社会の活況の、最もわかりやすい事例である。

草原の広さだけでいえば、伊那盆地よりも条件の良い所はいくらでもあると思う。なぜ、東日本に馬の文化が広がるとき、飯田市が最初の馬産地として選ばれたのか。馬牧にふさわしい地形があるからだという話を聞き、最初期の馬牧を求めて、飯田市に向かうことにした。

新宿発の特急「あずさ1号」で上諏訪駅まで行き、そこで飯田線に乗り換えた。天竜川に沿って伊那盆地を南下する。飯田市の中心に近づくころから、線路はほぼ直角に進行方向を変え、傾斜地をのぼりはじめる。飯田市の市街地は天竜川沿いの低地より一〇〇メートルほど高い台地にあるからだ。伊那盆地では最も大きな町に駅を設置しないわけにもいかず、Ω《オメガ》のような形にカーブしながらのぼって、くだるという線路が敷かれたらしい。

飯田市の市街地は、飯田城の城下町を起源とする。城が築かれていた場所は市街地のある台地の突端部分で、四〇〜五〇メートルくらいの高さの崖が三方向にある。幅五〇〇メートル前後の細長い台地だが、一方向を閉じるだけで、敵の侵入を防ぐことができる構造だ。この地形はそのまま、馬が逃げるのを防ぐ閉鎖空間にもなるのだから、牧の地形としては最適だ。城跡の一画にある旅館は「天空の城」を標榜しているが、たしかにそんな雰囲気の場所だ。城ができるまでは、修験道の行者が修行する場所だったとも伝わる。

別の県で話を聞いた古代の牧の研究者で、飯田市エリアの中核的な馬牧は中心市街地の台地にあったはずだと断言する人もいたが、考古学、文献ともに根拠はない。今のところ、牧の所在地は不詳とするしかない。

この高台は地図のうえでは川に沿っているが、河川敷と市街地のある台地は断崖によって区切られている。馬が登れるような斜面ではない。河川敷は一方を三角州によって閉じられているので、崖と川をふくめて三方向に「柵」があるようなものだ。河川敷も馬を管理するには都合の良い空間になっている。

この場所の地形を説明するとき、台地という言葉が使われているが、下総《しもうさ》台地や武蔵野台地のように広大な平坦地ではない。まるでティッシュペーパーの箱のような四角形の地形なのだ。どうして、このような鋭角的でミニチュアのような台地ができたのだろうか。

まさにこの台地の突端部にある市立博物館の学芸員に問い合わせたところ、市街地の両側を流れている川が、昔からの扇状地を浸食し、現在の地形をつくりあげたのだという。中央アルプスとも呼ばれる木曾山脈から流れてくる川だけあって、ものすごい浸食力である。

飯田市内には五百基を超える古墳があったとされ、飯田古墳群として国史跡に指定されている。私が見学したのは、下山村駅から十五分くらいで行ける松尾地区の前方後円墳やその痕跡地だったが、そこでも高低差のある独特の地形を実感できた。高台にのぼって、風景全体を遠望すると、平面的な地形が目立つ。天竜川やその支流によって、河岸段丘(川の浸食作用の変化でできる階段状の地形)が形成されているからだ。そこも馬牧の立地条件である閉鎖的な空間をつくりやすい地形だ。

川の浸食作用に、伊那盆地に密集するいくつもの活断層(伊那谷断層帯)の動きが重なって、飯田市には独特の地形ができあがったらしい。木曾山脈、赤石山脈が三〇〇〇メートル級の標高をもつのも、活断層の動きに連動して、土地が持ち上がる「隆起」の結果なのだという。その複雑なメカニズムは私の理解力を超えているが、古代の馬飼い集団がこの場所の地形を見逃さなかったという事実に心ひかれる。

長野県とはいっても、愛知県に接する地域だ。東日本の馬産地としては奈良や河内に近いことも、伊那地方のセールスポイントである。関東の馬産地と奈良、河内を結びつける中継地点のような場所であった可能性も指摘されている。

ただ、ふたつの山脈にはさまれた狭い盆地であり、馬を繁殖させる草原の広がりという点では限界があった。飯田市の考古学調査の担当者によると、奈良時代、平安時代となると、この地に馬の飼育地としての気配は見えなくなるという。

農研機構の「土壌図」で、飯田市のある伊那盆地を見てみると、天竜川沿いに黒ボク土が帯状に北に向けて延びている。黒ボク土の帯は次第に太くなりながら、霧ヶ峰、八ヶ岳周辺に至るのがわかる。そこから先は、関東の一大黒ボク地帯である。所有者の定まらない原野が広がっていたはずで、馬たちにとっては、すばらしい新天地となった。

この章では関東各地に馬産地が形成される背景を、古墳時代から鎌倉幕府の成立までの歴史を追いながら検討してみたい。そのことを通して、関東に武士政権が誕生した謎を解明できると思うからだ。

群馬県で発見された河岸段丘の牧

上毛野国《かみつけのくに》と呼ばれていた古代から、群馬郡という行政区分があり、現在の県名につながっている。馬が群れている土地だったから「群馬」の地名が生じた——という有名な説に決定的な証拠はないものの、歴史と風土に整合しており説得力はある。

宮崎県西都市で九州最大の古墳が造られた五世紀、群馬県太田市では東日本最大の前方後円墳「太田天神山《おおたてんじんやま》古墳」が出現する。墳丘の長さは二一〇メートル。奈良、大阪であれば、天皇陵クラスと評される規模をもつ、驚異的な古墳である。盗掘により副葬品は失われており、埋葬者を知る手がかりは乏しい。東武鉄道の太田駅から歩いて十五分ほど。観光的な演出は皆無だが、幹線道路に沿って悠然とたたずんでいる。

東海地方で最大の古墳とされる断夫山《だんぷやま》古墳（名古屋市）は約一五〇メートルの大きさだが、このクラスの前方後円墳は群馬県では珍しくない。断夫山古墳のそばには熱田神宮《あつたじんぐう》が鎮座する。ヤマトタケルにゆかりの草薙《くさなぎ》の剣を御神体とし、天皇家とかかわる歴史を誇る神社だが、古墳の規模では群馬県勢に圧倒されている。

太田天神山古墳

「群馬県内では、四百基以上の古墳から馬具の出土が報告されており、その数量は日本一」(『馬具副葬古墳の諸問題』)となっている。馬の形をした埴輪の出土が最も多いのも群馬県である。巨大な古墳に象徴される繁栄の背景に、馬の産地としての活況がはっきりと見える。

「馬の日本史」において群馬県がとくに注目されているのは、考古学的に確認された、ただひとつの古代の馬牧があるからだ。

一九九〇年、群馬県渋川市白井の国道17号バイパス工事にともなう発掘調査で、榛名山《はるなさん》の火山灰の下に隠されていた直径一〇〜一三センチメートル前後、深さ二センチメートル弱の穴が見つかった。おびただしい数のその穴は、当初、謎とされたが、馬の蹄《ひづめ》の跡だと判明した。蹄跡

群馬県立歴史博物館・馬形埴輪

の分布は六平方キロメートルの範囲に及んでいることから、繁殖を目的とする広大な放牧地であったことがわかる。火山灰は成分分析によって噴火年代が特定できるので、蹄跡は六世紀のものであることも判明した。渋川市は古代以来の行政区分では群馬郡に属する。文字どおり、馬群れる群馬郡だったのだ。

蹄跡が見つかった場所は、吾妻川が利根川と合流する三角州にあたる。利根川に沿って階段状の平地（河岸段丘）が形成されており、各段に道路や市街地、農地ができている。

群馬県埋蔵文化財調査センターの発掘担当者によると、確認された蹄の跡の数は次第に増えて三万を超えているが、牧の存在を裏付けるような人工の構造物はいっさい見つかっていないという。利根川に沿って階段状の地形をつくる崖の高さは、場所によっては一〇メートルほどもあり、馬は越えることができない。下の段に飛び降りることもできない。古墳時代の人たちはこの崖を「柵」がわりに利用し、馬を管理する閉鎖的な空間をつくっていた——と発掘調査の関係者は判断している。

現在、蹄跡は埋め戻され、道路やロードサイドの店舗の下に隠されている。残念ながら、説明パネルなどによる表示がないので、来訪者は現地で確認するすべがない。「道の駅こもち」ができている場所でも多くの蹄跡が見つかっているそうだ。その後方に壁のように切り立った段丘の崖を見ることができる。

馬の放牧地と完全に重なっているわけではないが、この三角州の先端部には、室町時代以降、白井城というこの地域では有数の城郭があった。三角州と河岸段丘の断崖によって閉鎖空間をつくることができる地形は、古代の牧から中世の城へと継承されている。こうした地形を利用した古代の牧は、ほかの地域にもあったのだと思う。渋川市の牧の実例をふまえて言えるのは、古墳時代の馬牧は自然の地形を利用して、馬を管理する空間をつくっていたということだ。これは古代の牧が考古学でいう遺構としては残りにくいことを意味する。全国のどの地域でも、古代の牧の所在地がほとんど確認できていないのはこうした理由によるらしい。

鎌倉時代、室町時代、戦国時代の牧についても事情は変わらない。甲斐・武田家の騎馬部隊は有名だが、その時代の馬牧についてはわずかなことしかわかっていない。日本の牧場の基本は自然地形を利用することにあり、それは馬の飼育が始まった古墳時代からの伝統だったようだ。

河岸段丘はさまざまな要因で形成されるが、「隆起」によって川の水源である山が突然、高くなると、川の流れが大地を浸食する力が増すので、河川敷に階段状の地形ができる。プレートの運動にさらされている日本列島では、今も活断層の動きに連動する「隆起」が起きているので、日本各地の川に河岸段丘がある場所は多い。河岸段丘は地味ではあるが、日本列島を特徴づける風景のひとつなのだ。そこに最初期の馬牧が立地していることが興味深い。

平安時代も馬産地としての活況はつづいていたようで、上野国（群馬県）には朝廷に馬を送る勅旨牧が九か所あった。これは信濃国（長野県）の十六か所に次ぐ数だ。

群馬県には、榛名山、赤城山、草津白根山、浅間山、日光白根山という五つの活火山がある。火山のまわりの草原的な環境が馬の放牧地となり、古墳時代の繁栄に結びついたのは、九州南部と共通している。

現在の渋川市に牧畜の風景は目立たないが、コンニャクの畑が点在している。日本一のコンニャク産地である群馬県でも、渋川市は第一位の生産高であるそうだ。畑の土は灰色の火山灰土で、指先くらいの大きさの小石がたくさん混じっている。小石を持ってみると軽石だった。火山の多い関東でもあまり見ない、すさまじい火山灰土だが、水はけが非常に良くて、コンニャクの栽培には適しているそうだ。コメ作りが難しい土地で営まれてきたさまざまな生業のひとつとして、コンニャク作りがあり、馬の飼育もそうであったことがわかる。

千葉で出土した黄金の冑

以前、仁徳陵古墳のそばにある堺市博物館を訪れたときのことだ。金色に輝く金銅製の冑《かぶと》（複製品）のまえで、博物館のガイドが、「このタイプの黄金の冑は日本で二つしか見つかっていません。ひとつは仁徳陵古墳、もうひとつは千葉県の古墳から出土しています」と説明していた。黄金の冑は、仁徳陵古墳の石室にあったと伝わっているが、すぐ埋め戻されたため、現在は明治時代に記録された絵図が残っているだけだ。「なぜ、千葉に？」とは思ったものの、そのとき深く考えることはなかった。

国内最大の墳墓で世界遺産の仁徳陵古墳。そこから出土したものと同じタイプの冑が千葉県の古墳で見つかっているという事実は、東京のベッドタウンという常識的な千葉県のイメージと整合しない。第一章で紹介した「千葉県は前方後円墳の数が最も多い県」ということについても同様だ。戦後の古墳研究をリードした近藤義郎氏は一九九〇年代、全国の前方後円墳を都道府県ごとにまとめる作業をした編著にこのような言葉を残している。

例えば日本全土の内でもっとも数多くの前方後円墳が作られたのが千葉県であり、それは奈良県の約二・五倍、京都府の約六倍の数であるという事実の解明は、これまでの理解を大きく変え、前方後円墳がなにかを考える一つの手掛かりとなる。（『前方後円墳集成』はしがき）

これまでの章では古墳から出土した国宝馬具を手がかりにして、河内地方と宮崎県の繁栄の背景を探った。じつは千葉県でも木更津市の金鈴塚《きんれいづか》古墳から出土した馬具などの遺物について、国宝指定に向けての動きがでている。

祇園大塚山古墳から出土した金銅製眉庇付冑《こんどうせいまびさしつきかぶと》

出典：国立博物館所蔵品統合検索システム
https://colbase.nich.go.jp/collectionItems/view/12f08f3c06a62af80737925634848303/73870?lang=jpn

ＪＲ木更津駅前のメインストリートを十分ほど歩き、交差点を左折してしばらくすると、金鈴塚古墳がある。正確には、「あった」というべきかもしれない。墳丘長一〇〇メートルほどと推定される前方後円墳の後円部の石室部分だけが、一軒家やアパートに囲まれてかろうじて保存されている。金鈴塚古墳の近くに木更津市郷土博物館があり、豪華な出土品を見学できる。

一九五〇年代の発掘調査で、四セットの馬具類、黄金に輝く沓《くつ》や鈴、飾り太刀など豊かな副葬品が出土、国の重要文化財に指定されている。近年、専門家が集まって再調査を実施したところ、副葬品の歴史的な価値はさらに高いことが判明し、国宝への指定を申請することになったのだ。国宝指定は未定だが、古墳時代の千葉県に「国宝級の繁栄」があったことがわかる貴重な情報だ。

仁徳陵古墳から出土したと伝わる金銅の冑と同じタイプの冑が出土したのも、同じ木更津市の祇園大塚山古墳《ぎおんおおつかやま》。この前方後円墳は宅地開発により、完全に消滅しており、冑の現物は東京国立博物館に所蔵されている。

関東は後進地だった

関東の馬産地を考えるうえで前提となるのは、千葉県をふくむ関東南部（一都三県）は弥生時代の後進地だったことだ。

縄文時代が続いている間、関東は東北、長野県など中部高地と並ぶ人口の集積地だった。弥生時代になり、東北の日本海側では水田稲作が定着したあとも、関東南部では縄文文化の要素を色濃く残した生活が続いている。弥生時代の年代研究の専門家である藤尾慎一郎氏によると、水田稲作が定着した時期は、福岡県など九州北部では紀元前一〇世紀ごろであるのに対し、関東南部は七百年ほども遅く、紀元前三世紀ごろ。現在、首都圏と呼ばれている関東南部は「もっとも遅く始まった水田稲作」地帯なのだ（『弥生時代の歴史』）。関東平野は黒ボク土の集積地だから、水田稲作を始める困難さは十分に理解できる。下総台地、武蔵野台地という平坦な高地が広がっていることも、水田稲作にはふさわしくない。水の取得が難しいからだ。その後の歴史のなかでも、関東が「コメどころ」となることはなかった。

弥生時代には低迷していた千葉県だが、古墳時代になってからは繁栄の痕跡が数多く残されている。木更津市の金鈴塚古墳と祇園大塚山古墳。二つの古墳から出土している豪華な宝物群は、想像以上の豊かさがこの地にあったことを証明している。

ほとんどの地方で前方後円墳の造営が低調になる六世紀以降、千葉県における古墳づくりはさらに活況を帯び、最終的には全国で最も前方後円墳の多い県になった。前方後円墳とは言っても、小さなサイズの古墳が大半で、流行に遅れた地方的現象という冷笑的な指摘もかつてはあったようだが、古墳時代の千葉県に見える豊かさは否定できない。史料的な裏付けはまったくないが、関東の馬を朝鮮半島に輸出する港湾拠点が千葉県にあったという可能性も検討する価値があると思う。

台地――プレート運動がもたらした馬産地

古代以来、千葉県は三つの地域に分けられていた。房総半島の南側から安房国《あわのくに》、上総国《かずさのくに》、下総国《しもうさのくに》。馬の飼育が盛んだったのは県北の下総国だ。平安時代の朝廷の牧には、勅旨牧、諸国牧の二種類があったが、下総国には五か所の諸国牧があり、これは諸国牧が最も多い日向国、肥前国に次ぐ数だ。東京湾岸の船橋市から東側の成田市にかけて、標高二〇メートル～四〇メートルの平坦な高地が広がり下総台地と呼ばれている。水の取得は困難で、本当の意味で農業が軌道に乗ったのは戦後だという話も聞く。

関東平野の内部には下総台地のほか、武蔵野台地（東京都、埼玉県の一部）、大宮台地（埼玉県）などいくつもの台地がある。なぜ、関東平野には台地が多いのか。その理由については、関東平野では中央部の地面が少しずつ低下する一方、周辺部の地面は逆に少しずつ上昇する地殻変動が起きているとする説がある。「関東造盆地運動」という地元の自治体や土木建築の関係者の間ではよく知られた学説だ。

「隆起」「沈降」という学術用語であっさり説明されることが多いが、関東平野の一部が上昇して台地になるという根本的なメカニズムは未だに謎のようだ。札幌学院大学の関連ウェブサイトには、地質学者である小出良幸氏が、列島各地の地学的な背景を紹介する

「大地を眺める」というコーナーがあり、関東平野はこのように解説されている。

関東平野のあるところは、三つのプレートがせめぎあっている非常に複雑な位置にある場所となっています。詳細はまだ良くわかっていませんが、そのようなプレート境界の複雑な大地の運動によって、関東平野は第四紀に隆起してきました。

（引用者注：第四紀とは、四十六億年の地球史のうち、約二百六十万年前から現在までの年代）

日本の国土全体に占める台地の割合は一一％だが、県単位でその比率を見ると、①茨城県（三七・二％）②沖縄県（三四・四％）③千葉県（三二・四％）④東京都（二八・七％）⑤栃木県（二五・五％）⑥埼玉県（二三・七％）の順になっており、関東に台地が集中していることがわかる。九州、東北の馬産地である鹿児島県、青森県の台地比率は、関東五都県と沖縄県に次ぐ七位、八位となっている（日本統計協会『統計でみる日本』）。

首都圏の場合、水道施設などのインフラが整うとともに、湿気が少なく、日当たりの良い台地は良好な住宅地に生まれ変わった。戦後、首都圏が膨張するとき、東京や千葉がすさまじい人口を吸収できたのは、未利用の原野が残っていた台地、丘陵地帯を宅地化することができたからだ。

日本列島の台地の分布を見ると、太平洋側に多く、日本海側、瀬戸内地方にはきわめて少ない。日本列島が太平洋プレート、フィリピン海プレートからの圧迫を受けつづけていることと関係があるのだろうが、台地の分布と馬産地の分布はほぼ一致している。これを裏側から見れば、良好な稲作地帯が日本海側、瀬戸内地方に多い理由にもなっている。

平将門の乱の舞台

関東平野では周辺が隆起して台地となる一方、中央部は沈降して低湿地となり、利根川、荒川、鬼怒川が流れている。関東平野のいくつもの河川が注ぐ霞ヶ浦は古代、大きな内海になっており、香取海《かとりのうみ》と呼ばれていた。

平安時代の「延喜式」には、下総国にあった五か所の牧の名称が記録されているが、「長洲馬牧」は地名そのものが「洲」すなわち川の中の島（中洲）を表している。下総国に離島はないので、「大（木）嶋馬牧」と「浮嶋牛牧」は低湿地帯の島状の地形ではないだろうか。この見立てが正しいとしたら、五か所の公的な牧のうち三か所が関東平野の

坂東市立岩井図書館そばの平将門像

〝底〟に位置していたことになる。そこを拠点としていたのが、武士の歴史で半ば神格化されている平将門《たいらのまさかど》だ。

平将門は桓武天皇の五代あとの子孫なので皇族系の人だが、朝廷での位や職はなく、馬に乗って陣頭指揮をとる武人として頭角をあらわした。軍記文学「将門記《しょうもんき》」によると、京都の朝廷に対するもうひとつの王国の建設を目指し、「新皇《しんのう》」を称するに至ったという。平安時代中期の九三九年（天慶二年）から翌年にかけての一年足らずの間ながら、関東を軍事的に支配した。

「王城は下総国の亭南に建つべし」――。「将門記」には、新王国の拠点づくりについて話す将門の言葉が見える。下総国は千葉県北部にあたるが、茨城県の一部もふくまれており、茨城県坂東市岩井《ばんどう》には将門の軍事拠点があった。「将門記」に見える石井営所《いわい》である。下総国の豊田郡、猿島郡《さしま》、すなわち茨城県の利根川流域が将門の本拠地だった。

この一帯は古代の馬産地であり、将門は「馬の利」によって関東平野を席巻したという説が、半ば定説化している。

坂東市は都心から五〇キロメートル圏。首都圏で住宅地の高騰が深刻化したバブル経済期であれば、通勤圏になってもいい距離だが、そうならなかった。坂東市は利根川と鬼怒川にはさまれたエリアにあり、鉄道も高速道路も走っていないためだ。

ところで、当地に取材に行ったとき、奇妙な出来事を体験した。野田市駅で降りたあと、どのバスに乗ればいいのかわからなかったので、バスターミナルの事務所に行き、将門関連の史跡に行くにはどの乗り場に行けば良いのか尋ねたところ、バス会社の男性職員に、「たった今、出てしまいました！　今なら、間に合うから、車に乗ってください」と言われ、強引に乗用車の助手席に乗せられ、出発したバスを追跡するというテレビドラマめいた展開に巻き込まれてしまった。坂東市方面に向かう唯一のバス路線は一時間に一本、その路線は隣の駅にも寄る迂回路なので、追いつくことができる——というその職員の説明どおり、無事、バスに乗ることができた。

最寄りの駅から坂東市の中心市街地に向かうバスが一時間に一本というのは、坂東市がほかの市町村との行き来の少ない地理的条件に置かれていることを示している。この地域が馬産地となり、将門の軍事拠点となったことと関わる地理的情報として、ここに記しておきたい。

湿地帯のなかの馬牧

平将門が支配を及ぼしたとされる坂東《ばんどう》とは、足柄峠と碓氷《うすい》峠の坂より東、つまり関東全体の呼称だ。「将門記」によると、将門は関東各国の国府を制圧して、朝廷から任命されていた国司など在庁官人を追放、身内や仲間をその後釜にすえている。坂東市という市名は、合併に際し、関東平野の中心に位置することを根拠として命名されたが、坂東王国の王者、平将門の繁栄にあやかりたいという気持ちがあったのは当然のことだろう。

野田市から坂東市に向かうバスが利根川を渡るころから、視界全体に広がるみごとな水田地帯が見えてくる。しかし、江戸時代に干拓が始まる前、この一帯は沼地と流路の定まらない川が流れる沼沢《しょうたく》地帯だった。標高二〇メートルくらいのわずかな高地が沼や川で分断され、島状、半島状の地形をつくっていたという。水不足で稲作が難しかった下総台地に対し、こちらはあまりに水浸しの状態で、水田にすることができなかったのだ。

将門の反乱事件の発端は、将門が父親から受けついだ土地をめぐる、平氏一門の叔父たちとの争いであったとされる。しかし、この地域が豊かな農地だったとは思えない。それなのに、なぜ、壮絶な骨肉の争いが生じたのか。関東でも有数の馬牧があったからだ——という指摘がかねてよりなされている。それは経済的な利権というだけでなく、将門の軍事力の根幹でもあったはずだ。

このあたりに古代の馬牧が置かれたのは、島状に分断された微高地が馬の逃亡を防ぐのに適した「天然の牧」だったからだろう。馬は一日に二〇〜四〇リットルの水を飲むので、下総台地の牧では水飲み場の確保が大きな問題になる。その点、湿地帯の「島」なら水に困ることはない。広大な放牧地を設定することはできないが、限られた数の馬を飼育するには悪くない条件だ。最初期の馬牧には、河川がつくるこのような閉鎖地形を利用したケースがかなりあったようだ。

坂東市の岩井地区には、将門を祭神とするその名も國王神社が鎮座している。将門が君臨した坂東王国を連想させる雄大な神社名だが、現在の社殿は素朴な茅葺きの建物で、あ

将門ゆかりの國王神社

りふれた農村の神社の佇《たたず》まいだ。この神社の近くにある史跡「島広山《しまひろやま》」は将門の軍事拠点である石井営所の跡とされ、その近くにある延命寺が「島の薬師」という異名をもつことからも明らかであるように、将門の拠点地は湿地帯の「島」だった。

周辺には、馬立《またて》、駒跿《こまはね》など馬にかかわる地名が多い。馬産地に特有の神社とされる崇禅《そうぜん》神社もある。明確な牧場遺構は未発見だが、馬産地であったのは確実だ。

インドでは野生のロバと家畜のロバとの混血種をつくるため、雨季になると湿原にできる島（中洲）を牧場として利用している。ウマ科動物の生態を研究している動物学者、木村李花子氏が、『野生馬を追う』で紹介している現代の実例だ。天敵に襲われる心配がないというメリットもあるそうだ。水の流れがつくりだす中洲を天然の牧場とする知恵は、世界共通であることがわかる。

一〇世紀前半の平将門の乱ほど有名ではないが、一一世紀前半にも千葉県エリアで、朝廷に対する反乱事件が起きている。平忠常《たいらのただつね》という在地の武将が、安房国の長官を殺害、次いで上総国の役所を占拠し、その後、三年間、房総半島全体が無政府状態となった。一連の紛争を「平忠常の乱」と呼ぶ。

朝廷の鎮圧計画が何度か失敗したあと、源頼信が登板する。第一章で話題とした河内源氏の始祖である。平忠常と源頼信との間には以前から主従関係に似た深いつながりがあったようで、説得工作によって、忠常は矛を収め、反乱事件はあっけなく終息している。源頼信のとりなしが良かったのか、反乱の首謀者であるにもかかわらず、平忠常の子孫はその後も関東南部で勢力をもちつづけた。源頼信と千葉県の在地武士の関係は、鎌倉幕府樹立をめぐる人間関係の伏線にもなっている。

この反乱事件よりずっと前、源頼信が平忠常を従わせることになった事情が、「今昔物語」（巻二十五）に書かれている。それによると、平忠常の屋敷は香取海（霞ヶ浦）の入り組んだ奥にあって、陸路では容易に近づけない場所であったとされている。源頼信は先祖代々の伝えにより香取海の地形に精通していたので、内海を横断し、忠常を攻め、降参させたという話だ。この記述が正しければ、将門と同じく、平忠常の拠点地も関東平野の低湿地帯にあったことになる。これも馬牧の立地と関係しているのではないだろうか。

奈良時代に編纂された「常陸国風土記《ひたちのくに》」には、霞ヶ浦の東岸の行方郡《なめがた》（茨城県行方市あたり）について、山には猿、猪がいて、野には馬がいること、天武《てんむ》天皇のとき、地元の人が「野馬」を捕獲して、朝廷に献上したことが記されている（原文「得此野馬、献於朝廷」）。これがいわゆる「行方の馬」であると書かれているので、馬の産地として知られていたようだ。茨城県のこのあたりは行方台地とも呼ばれる。ここに見える「野馬」が、通年放牧された野飼いの馬、江戸時代の記録にみえる「野馬《のま》」であれば、その最も古い記録ということになる。ただ、猿、猪と並べて記されているところを見ると、人間社会から離れて生息する、野生化した馬（feral horse）だったのかもしれない。

茨城県は最も台地比率の高い県であり、古代以来の馬産地だった。関東では、群馬県に次いで大型の前方後円墳が目立つ地域でもある。

豊臣秀吉の朝鮮出兵のとき捕虜となり、日本に連れてこられた朝鮮人の学者が書いた『看羊録《かんようろく》』で、茨城県は山梨県、長野県とともに馬が豊富な地域とされている。そのほかの史料もいくつか見つかっており、戦国時代になっても茨城県は相当の馬産地であったと見る研究者もいる（長塚孝「戦国期常陸の馬産」『馬の博物館研究紀要』18号所収）。

頼朝を救った千葉の騎馬軍団

朝廷を震撼させた平将門の反乱は、鎮圧で手柄をあげた武士とその子孫が、社会的な地位を上昇させていくステップボードとなった。藤原秀郷《ふじわらのひでさと》、平貞盛、源経基《みなもとのつねもと》（この人の活躍は今ひとつだが）である。平貞盛の子孫には平清盛、源経基の系統からは源頼朝をはじめとする有力な源氏の武士が出ている。情報の信用度は落ちるが、奥州藤原氏は藤原秀郷の子孫とされている。

平清盛を味方につけた後白河天皇に崇徳《すとく》上皇が敗れた「保元《ほうげん》の乱」（一一五六年）、後白河上皇の側近たちの争いが源平の対立に結びついた「平治《へいじ》の乱」（一一五九年）を経て、平清盛が実質的な武士政権を樹立した。一方、河内源氏は保元の乱では一族が敵味方に分かれて弱体化し、それを挽回するチャンスだった平治の乱では、平清盛に完敗を喫した。主だった源氏の武士は殺され、少年だった頼朝は伊豆国に流されるというお馴染みの話になる。

やがて平氏政権に対する反乱が全国各地で火の手をあげるとき、伊豆国にいた源頼朝もわずかの手勢で挙兵した。治承《じしょう》四年（一一八〇年）八月のことだ。平家方の勢力によってあっけなく鎮圧され、命からがら舟に乗って真鶴岬《まなづる》（神奈川県）から房総半島（千葉県）に逃げた。このとき、味方になるため、三百余騎の騎馬武者を率いて駆けつけたのが千葉常胤《つねたね》だったと『吾妻鏡』は記している。千葉常胤の「常」の字は、「平忠常の乱」の主人公の五代あとの子孫であることに由来する。下総国千葉郡千葉郷に拠点をもっていたことにより、千葉を名字としていた。今日の千葉県につながる地名と名字だ。

千葉常胤の参陣の二日後、常胤の又従兄弟《またいとこ》である上総広常《かずさひろつね》が二万騎という大軍を率いて駆けつけたという。千葉県中部の上総地方に由来する名字で、上総広常にも平忠常の子孫であることを示す「常」の字が見える。

上総広常、千葉常胤という千葉県に拠点をもっていた二人の参陣によって、戦局は一気に好転し、関東各地の武士が続々と頼朝の陣営に加わってくる。あとは大規模な戦いもないまま、頼朝は武蔵国をふくむ関東南部を制圧、緒戦の大敗北からわずか二か月後には鎌倉に腰を据えて、鎌倉幕府の歴史が実質的に始まっている。奇跡的逆転劇の原因のひとつは、千葉県エリアの騎馬戦力ということになる。

しばらくあとのことだが、「吾妻鏡」には、「安房、上総、下総等の国々、多くもつて荒野あり。しかるに庶民耕作せざるの間、さらに公私の益なし。よつて浪人を招き居きてこれを開発せしめ」（文治五年二月、読み下しは、貴志正造訳注『全釈　吾妻鏡』。以下同様）という記述がある。荒野というのは、明らかに下総台地などに広がる黒ボク地帯だ。農地として利用されていないので、開発を進める必要性があることが、鎌倉幕府の行政課題になっていることがわかる。この未利用の荒野こそ、馬の放牧地であり、上総氏、千葉氏が率いる騎馬武者軍団の背景をなしていたと考えられる。

豪快な甲冑競馬で知られる「相馬野馬追《そうまのまおい》」。この行事が行われる福島県相馬市の発祥は、下総国相馬郡（千葉県我孫子市、茨城県取手市など）を領していた相馬氏が東北に進出したことにある。相馬氏は平将門の子孫を自称したが、近年の研究では千葉氏から分岐した一族であるとされている。ここでも千葉一族と馬とのかかわりが見える。

秩父の牧とセメント産地

関東平野の武士と馬牧の歴史のうえで、もうひとつの重要な場所は埼玉県の秩父地方である。「延喜式」のリストには掲載されていないが、古くから馬牧があり、一〇世紀前半、勅旨牧に指定され、朝廷の牧に格上げされている。秩父の馬牧は、現在の埼玉県秩父市、長瀞町《ながとろまち》などの地域に存在したと推定されている(『国史大辞典』「秩父牧」の項)。

古代をふくむ系図資料としては最も信用性が高いとされる「尊卑分脈」によると、平将門の叔父平良文を先祖とする秩父氏という一族がいて、始祖的存在の武基は「秩父別当」であったという。武蔵国では朝廷の牧ごとに「別当」という管理責任者が置かれていたので、秩父氏は牧を地盤として勢力を拡大したと考えられている。

秩父氏は武蔵国の中で最も繁栄した武士団で、秩父氏から分かれた一族のなかには、鎌倉幕府で頼朝の側近をつとめた畠山重忠がいる。豊島氏、河(川)越氏など東京都や埼玉県の区名、市名と重なる武士団も秩父氏の分流だ。江戸氏も同族で、頼朝が挙兵したとき、江戸重長が参じたことが「吾妻鏡」に記録されている。江戸氏の居城は徳川家康以降の江戸城とは別物だが、場所は重なっていたと考える論者が多いようだ。

秩父地方は荒川上流域なので、広い氾濫原草原や三角州は想定できない。火山地帯ではないし、草原化しやすい台地の地形でもない。地理的条件のうえで秩父地方を特徴づけているのは、国内有数の石灰岩の産地であることだ。日本列島の自然草原の分類には「石灰岩草原」があり、これが秩父地方の馬の歴史とつながる可能性がある。石灰岩はセメント原料として利用されている。日本が自給できる数少ない天然資源のひとつだ。合併により「太平洋セメント」という社名になっているが、「秩父セメント」はこの業界を代表する企業だった。

生態学が専門の加藤真氏は、日本列島の草原環境についての特集記事で、五十か所の草原をリストアップしている。火山性草原、野焼きによる半自然草原が大半だが、石灰岩草原が四か所、紹介されている（『エコソフィア』18号）。そのうちのひとつ山口県の秋吉台はカルスト台地の観光地として有名だ。良質の草原があり、牛の放牧地にもなっている。滋賀県と岐阜県の県境の伊吹山は有名な石灰岩産地だが、古くから薬草の栽培地でもあった。

石灰岩は普通の岩石と違って、サンゴなど生物の殻が海底に堆積してできる。このため、石灰岩が風化してできた土壌はカルシウムが過剰で、植物の成長に必要な窒素、リン酸、カリウムが著しく欠如している。石灰岩は風化しにくい岩石なので、薄い土壌しか形成されず、しかもその土壌は保水性が乏しく乾燥しやすい。石灰岩地帯に樹木が育ちにくく、草原化する理由として、こうした地質的な悪条件があげられている。

秩父地方の石灰岩採掘の中心は武甲山《ぶこうざん》だが、そこから尾根のように延びる丘陵に羊山《ひつじやま》公園がある。ここはシバザクラの名所になっており、春になるとピンク色の花があたり一面をおおう。羊山という地名は、かつてこの地にヒツジを飼育する県営牧場があったことに由来する。これも秩父の馬牧に関係するかもしれない情報だ。

秩父地方を特徴づけるもうひとつは、この地域全体が、荒川による河岸段丘としての地形をもっていることだ。ヒツジ牧場のあった羊山公園も、河岸段丘の平坦地にある。

浅草に見える「馬」の影

東京都と埼玉県に神奈川県の川崎市全域、横浜市のかなりの部分を加えた地域を、古代以来、武蔵国《むさしのくに》といった。これほど広いエリアがひとつの国とされたのは、現在とは正反対に、人口密度が低かったからだろうが、それは武蔵国が国内有数の馬産地だったこととも関係がある。「延喜式」には、武蔵国にあった朝廷の牧として、勅旨牧四か所、諸国牧二か所が記載されている。これに秩父にあった勅旨牧などが加わるのだから、単純に朝廷の牧の数を比較すると、日向国、下総国よりも多いことになる。

武蔵国の馬牧についても立地場所は諸説紛々だが、候補地の大半は東京都の多摩地区（二十三区以外のエリア）に集中している。二十三区内では数少ない候補地が、台東区浅草にある。

観光客でにぎわう浅草寺《せんそうじ》に隣接する浅草神社。その境内には浅草に朝廷の馬牧があったことをしるすパネルが立てられている。武蔵国の諸国牧「檜前馬牧《ひのくま》」については、いくつかの候補地があるが、そのひとつが浅草であるからだ。豊島区から文京区にかけての駒込、大田区の馬込という説もあるが、考古学の草分けで、武蔵野の歴史の専門家でもあった鳥居龍蔵《とりいりゆうぞう》は浅草説を支持している（『武蔵野及其有史以前』）。

浅草寺の縁起によると、寺の歴史は檜前《ひのくま》浜成、竹成という兄弟が川で観音像を拾ったことにはじまる。檜前という氏《うじ》の名前は、檜前馬牧の地名と重なっているが、東漢氏《やまとのあやうじ》に属する渡来系の氏族である。「浅草」の地名からも、馬牧にふさわしい草原の存在が連想される。

浅草寺の門前の道を今も「馬道通《うまみちどおり》」というが、この地名の由来も諸説あってはっきりしない。馬道通を隅田川の方に歩くと、駒形橋のたもとに「駒形堂」がある。浅草寺の発祥地ともいわれる特別の場所だが、駒形堂はその名の通り、馬頭観音を本尊としている。馬頭観音は、各地の馬産地で信仰されており、馬がもたらす富への感謝とさらなる繁殖への祈願が込められている。あまり話題にされないが、浅草の歴史には「馬」の影がちらついているのだ。

浅草寺から歩いて十数分、隅田川をはさんで対岸の墨田区向島に「牛嶋神社」が鎮座している。向島には古代の牛牧があったと伝わるが、馬牧が牛牧になったり、あるいはその逆であったりするケースは多いので、これも見逃せない情報だ。

浅草は隅田川の下流域にあたり、古代であれば氾濫原草原が広がっていたはずだ。向島は隅田川と荒川がつくる三角州に位置しているが、三角州は馬が逃げるのを防ぎやすく、古代の馬牧の適地とされる。伝承や現在の地形など状況証拠からの推定ではあるが、浅草周辺に古代の馬牧があった可能性は相当に高いと思う。

府中と馬の縁

東京エリアの馬牧の立地を考えるとき、最も重要なのが多摩川の存在だ。多摩川は秩父山地に源を発し、下流域では東京と神奈川の都県境を流れて東京湾に注いでいる。多摩川に沿って歩いてみると、コンクリートによる護岸工事がされていない箇所が意外なほど多く、今でも馬の放牧ができそうな河川敷の草原《くさはら》を見ることができる。

従来の議論では、武蔵国の馬牧の候補地の多くは、人口が少なかった多摩川の右岸に求められている。しかし、古代の牧にふさわしい地形を探すと、丘陵の多い右岸（多摩ニュータウン方面）だけでなく、古代の武蔵国の〝県庁所在地〟として、国の役所や国分寺のあった左岸のほうにも目が向く。多摩川の古い流れがつくった河岸段丘が、二つの段差をともなって台地状に広がり、牧の閉鎖空間をつくりやすい地形になっているからだ。

武蔵国の中心だった府中市内にも見えるが、場所によっては一〇メートル以上も高低差のある崖の地形があり、多摩川と平行に数十キロメートルの延長をもって下流域に続いている（学術用語では「立川（府中）崖線《がいせん》」と「国分寺崖線」）。現代の生活にあわせて崖地には階段や坂道ができているが、古墳時代、長い壁面のような崖地を利用した馬牧があったことを想像させる独特の地形だ。

府中市は武蔵野台地の典型であり、コメ作りに適した土地ではない。馬産地としての活況がこのあたりを武蔵国の中心に押し上げた可能性もある。

江戸時代のはじめごろまで、府中市域で馬市が開かれていた記録があり、国府跡のそばに鎮座する大國魂《おおくにたま》神社の「くらやみ祭」では、六頭の馬が府中駅近くの道路を走る「競馬式《こまくらべ》」の神事がある。これについては、朝廷に届ける馬を選ぶための作業が、神事となって継承されているという説もある。

東京競馬場（府中競馬場）では、日本ダービー、ジャパンカップといった数々のビッグレースが開催され、日本の競馬文化の中心地となっている。古代以来の日本の馬とは血縁関係をもたないサラブレッドではあるが、現代の東京で馬の存在感が最も大きいのは府中市だといえる。昭和時代の初頭、東京・目黒にあった競馬場の移転が決まったとき、地元住民が誘致に動いたらしい。これによっても馬との縁を大切にする土地柄がうかがえるが、その遠因をなすのは、古墳時代以来の馬産地としての地域的記憶なのではないかと想像したくなる。

室町時代ごろにできたとされる「庭訓往来《ていきんおうらい》」は、基礎教養と社会常識をまとめたような本だが、各国の特産物が列挙されるなか、武蔵国はただひとつの「鐙《あぶみ》」の産地となっている。足を乗せる馬具である鐙の歴史については第一章で触れたが、この地で製造される鐙は「武蔵鐙」といって珍重された。武蔵国の馬文化を背景とする特産物である。

縄文人の〝シカ牧場〟

東京都の多摩地区から埼玉県に及ぶ広大な平地を武蔵野といい、下総台地と同じく、関東平野の中で平坦な台地を形成している。

和歌を一首。鎌倉時代の初頭に編まれた「新古今和歌集」からだ。

行く末は　空もひとつの　武蔵野に　草の原より　出づる月かげ　（藤原良経《よしつね》）

この歌の世界に木々の気配はなく、地平線まで広がる草原の風景しか見えない。古来、武蔵野と呼ばれる東京、埼玉の平地には、富士山などの火山灰が相当、積もっているが、火砕流や溶岩の痕跡地にできる火山性草原ではない。武蔵野は奈良時代以降、森林を伐採し、焼き払い、その後も継続して野焼きをつづけたことによって出現した半ば人工の草原なのではないか――。明治三年生まれの考古学者、鳥居龍蔵は、『武蔵野及其有史以前』で、いち早くそうした議論を提示し、その草原が武士の文化と深くかかわっていることを指摘した。

武蔵野はこういうふうに始終焼き尽くされて、遂に木の根っ子までも焼き尽くされたために、一面に茫々たる草原と変わって仕舞い、（中略）関東武士が騎馬武者で非常に発達し、競うて馬を飼ったために、農業よりも草の方が必要になって、草原が一層多くなったのである。

温暖多雨によって草原ができにくいはずの日本列島で、思いのほか草原が多かった理由として、縄文時代以来、森林を切り拓き、野焼きによって維持されてきた「半自然草原」が相当の広さを有していたという説が近年、注目されている（山野井徹『日本の土：地質学が明かす黒土と縄文文化』）。

こうした議論のなかで、鳥居龍蔵の論考はその先見性が再評価されているが、年代測定技術の進歩により、武蔵野の草原の出現は、鳥居説の奈良時代をはるかにさかのぼる縄文時代だったことがほぼ確実になっている。

武蔵野の範囲については、語る人によって異なるが、多摩川を境に、武蔵野台地（狭義の武蔵野）の広がる左岸と多摩丘陵のある右岸に区別できる。多摩丘陵は、スタジオジブリのアニメ作品『平成狸合戦ぽんぽこ』の舞台としても知られている。そのため、多摩丘陵というと「森」のイメージがあるが、黒ボク土が濃密に分布しており、草地と雑木林が混在した環境であったことが想定できる。

多摩丘陵に馬の放牧地があったことは、「万葉集」にある「赤駒を山野《やまの》に放《はが》し捕りかにて多摩の横山徒歩《かし》ゆか遣らむ」（歌番号四四一七）という歌によって知られている。多摩川に沿うように、長く延びる多摩丘陵は、「横山」と呼ばれ、平安、鎌倉時代には「横山党」という武士団が活躍している。

秩父の牧に勢力をもった秩父氏の一族は、多摩丘陵にも進出しており、小山田氏の一党として源平の合戦、奥州合戦の記録に見える。町田市には小山田の地名とともに、その馬牧の跡と伝わる「小山田緑地」が公園として残っている。

昭和の高度成長期、多摩丘陵の原野が切り拓かれ、国内最大のニュータウンに生まれ変わった。そのことは、開発に抗《あらが》うタヌキたちの物語『平成狸合戦ぽんぽこ』に描かれているとおりだが、開発にともなう発掘調査で、おびただしい数の「落とし穴」が見つかった。長さ一・五メートルほど、深さ二メートルほどの穴は、鹿、猪を捕獲するための、縄文人の仕掛けだと考えられている。多摩ニュータウン（多摩市、稲城市、町田市、八王子市）のエリアだけで、約一万五千個の落とし穴が見つかっている。全国でも突出した数だ。鹿、猪の捕獲や狩猟を生活の基盤とする縄文人の一大集落が、多摩丘陵に存在していたのだ。

野焼きによって草原が拡大した年代が縄文時代であるならば、その動機は狩猟の対象である鹿などの草食動物を増やすことにあったのではとも言われだしている。鹿の繁殖を目指した縄文人の営みが、日本列島の草原面積を拡大し、古墳時代、馬の飼育が列島各地で始まったとき、格好の放牧地となった――というシナリオを想定できることになる。そうした歴史を具体的に思い描ける材料が、多摩丘陵には最もよくそろっている。

野焼きを義務づける律令国家

野焼きによって良質の草原を維持する慣習は現在も一部の地方に残っているが、その歴史は古代の基本法典「律令」によって確認できる。野焼きについての条文を、奈良時代の「養老律令」から引用する。

凡そ牧の地は、恒に正月以後を以て、一面より次を以て漸くに焼け。草生《くさお》ふるに至りて遍《あまね》からしめよ。(読み下しは『日本思想大系　律令』)

草の生育を促すため、年が明けたら、順次、野焼きをすることが要請され、実質的に義務づけられているのだ。定期的な野焼きによって、発芽が促進され、良質の草原が維持されるだけでなく、害虫駆除の効果も期待されていた。

古今東西、法律の条文には、それぞれの国の歴史や伝統が入り込むものだ。中国にならって日本で律令が整備されるとき、奈良時代より古い時代からの社会的な慣習であった野焼きが、明文化されたのではないだろうか。各地の草原を維持・管理して、牧として有効に利用しようという国家的な意志がうかがえる。

野焼きの風景は和歌の題材にもなっている。これは鎌倉時代の和歌集「夫木《ふぼく》和歌抄」の一首。

小笠原　焼け野のすすき　つのぐめば　すぐろにまがふ　甲斐の黒駒　（藤原俊成）

野焼きをした原野でススキが芽を出した。黒く焼けた草に、馬の黒毛の色が重なっている。黒尽くしの風景と新芽の緑のコントラストがあざやかだ。都にも聞こえた小笠原の牧。山梨県北杜《ほくと》市明野町《あけのちょう》小笠原が候補地のひとつになっている。

伝統は継承され、今も阿蘇山をはじめとする各地の草原で、春の野焼きが実施されている。以前は馬や牛のエサ、屋根をふく草の確保、山菜の成育促進のためだったが、現在は観光資源となっている草原景観の維持も目的である。

箱根・仙石原での野焼き

関東周辺では、ススキの草原風景で知られる箱根町の仙石原《せんごくはら》の野焼きが有名だと聞き、見に行った。ススキも馬のエサとなるイネ科植物だ。箱根町の野焼きは長らく中断していたが、ススキ草原に樹木が増えだしたことから、一九八九年、再開されている。

町役場、消防署の職員など約二百人がくりだし、枯れ葉におおわれた約二三ヘクタールを焼く。炎は勢いを増すと、四、五メートルの高さに達し、バキバキというすさまじい音をともない燃え広がってゆく。見物客は炎の広がりを追いかけて、走り回り、警備員が「それより先は危険です！」と制止する場面がくりかえされるのだが、私も我を忘れ、ほかの人たちと一緒に走り回っていた。信仰心の乏しい現代人にとっても、この世ならぬ神秘の瞬間が垣間見えるような、一種異様な光景。わずか四時間ほどで枯れ葉の草原は焼き払われ、黒一色の風景が出現する。

武蔵野の不動尊信仰と火の記憶

水田稲作には向いていない武蔵野台地は、馬の放牧地として利用された歴史があり、馬牧を背景とする武士団「武蔵七党《むさししちとう》」の存在が知られている。武蔵七党とは、横山党、児玉党、西党など、七つの地域の血縁的な武士団（いわゆる「党」）の総称。鎌倉幕府の軍事力の重要な一部を担った。

武蔵七党のひとつ西党は、その始祖を日奉宗頼《ひまつりのむねより》という。ここで取り上げるのは、西党の一族名である日奉《ひまつり》が、「火祀《ひまつ》り」を意味し、武蔵野の野焼きの歴史とつながる可能性を検討するためだ。

東京都日野市は都心から電車で一時間ほど。戦後、ベッドタウンとして急発展した地域だ。ＪＲ中央線の日野駅から住宅街を十五分ほど歩くと、西党・日奉氏の始祖、日奉宗頼を祭神とする日野宮神社がある。村の鎮守というほどの平凡な社殿だが、そこから数分歩けば多摩川の河川敷。日野市および隣接の多摩市は、朝廷の牧「小野牧」の候補地だが、多摩川河川敷と丘陵地帯を利用して、馬牧が営まれていたようだ。

日野市よりさらに多摩川をさかのぼると、あきる野市に接して日の出町、檜原村《ひのはらむら》がある。武蔵国にあった朝廷の牧のひとつ「小川牧」の所在については、あきる野市から日の出町であることが有力視されている（横浜市歴史博物館『横浜の野を駆ける』）。日野《ひの》市、日《ひ》の出町、檜《ひの》原村。現代の三つの地名に継承されている「ひの」は、本来の意味においては「火野」であり、武蔵野の野焼きの歴史に由来するのではないか――というアイデアを思いついた。史料による証明は難しいが、状況証拠めいた話がいくつかある。

日野市には、関東地方では有名な高幡不動尊こと金剛寺（真言宗）がある。この寺の特徴は、大日如来の使者である不動尊を本尊として信仰していること。成田山新勝寺《しんしょうじ》（千葉県成田市、真言宗）とともに関東三大不動ともいわれている。本稿のテーマにかかわってくるのは、成田が江戸時代から近現代に至るまで関東でも有数の牧場地帯だったからだ。

成田山新勝寺の縁起によると、その創始は平安時代で、下総国（千葉県）で平将門の反乱が起きたとき、都の高僧が派遣され、成田で護摩《ごま》を焚いて不動尊に祈り、将門を調伏《ちょうぶく》したことにさかのぼる。

不動尊とは、人びとを教化するために出現した大日如来の使者で、燃えあがる火炎を背負い、剣を掲げた憤怒の表情で造形される。不動尊は火と強く結びついており、僧侶は不動尊を前に護摩を焚き、炎の力で邪を払うと信じられている。

歌舞伎の市川團十郎家が成田屋を屋号とするのは、初代團十郎の成田山新勝寺への信仰によると伝わっている。成田屋のお家芸を並べた歌舞伎十八番に「不動」の演目が入っているとおり、市川團十郎は生きた不動尊でもあり、その「にらみ」を受けた人は病気や不幸が払われると、江戸の人たちは信じていた。

成田山新勝寺の不動尊信仰と代々の市川團十郎の神秘的な権威は地続きだが、その遠景には関東平野に特有の「火」の信仰があり、そのルーツを野焼きの伝統にあると考えるのは空想が過ぎるだろうか。

日奉《ひまつり》という名字は全国に何系統かあり、太陽信仰、天照大神信仰との関係が検討されているが、日野市の日奉氏についてはそうした方面とのつながりは見えない。地域の歴史を踏まえれば、日奉氏の「日」は、武蔵野の野焼きの「火」と結びついているように思えてならない。

蒲生野——もうひとつの武士の源流

日野の地名については、もうひとつ話題がある。滋賀県にも日野町（蒲生《がもう》郡）という自治体があるが、古い文献に「日野牧」として見える。この地でも古代の牧に日野の地名が与えられているのだ。

日野町の周辺は蒲生野といわれ、天皇家の狩猟場になっている。七世紀後半のはっきりした記録としては、「日本書紀」の天智天皇七年五月の記事に、蒲生野に狩りをしたとあり、同年七月には近江国《おうみのくに》（滋賀県）に「多《さは》に牧を置きて馬を放つ」とある。関西は黒ボク土の少ない地域だが、琵琶湖の西岸、東岸には黒ボク土があり、日野町もそこに入っている。

雄略天皇の在位が想定されている五世紀後半は、馬の飼育が日本列島で急速に広がる時期ということもあり、馬にかかわる所伝が多い。次の話もそのひとつだ。

「古事記」の記述によると、雄略天皇（この時は即位前）は狩猟を理由に、従兄弟の皇子を近江の蒲生野に誘い、馬に乗って狩りをしているとき、弓矢で射落とし、殺害する。その皇子には幼い男子が二人いた。二人は播磨国（兵庫県）に逃亡し、「馬甘《うまかひ》、牛甘《うしかひ》に役《えだ》ちき」、すなわち牧場で働く庶民に身をやつし、潜伏していたという。二人の男子はのちの顕宗《けんぞう》天皇と仁賢《にんけん》天皇。どこまでが史実なのか判断しかねるが、馬上から矢を射たことをしるす最初の文献である。古代の牧場と天皇家の歴史が交差していることも注目される。

「蒲生野には鹿や猪がたくさんいます」と雄略天皇に伝え、狩猟に招いたのは、佐々紀《ささきの》山君《やまのきみ》の先祖だと記されている。佐々紀山君は近江国の有力な古代氏族。平安時代から蒲生郡佐々木荘を拠点として活躍している佐々木氏は、宇多天皇の子孫を称し、近江源氏として知られているが、佐々紀山君の血縁という説もある。

近江源氏の佐々木氏は源平合戦（治承・寿永の乱）のとき、源頼朝の側近メンバーとして活躍し、全国に領地をもつに至る。南北朝時代のバサラ大名こと佐々木導誉《どうよ》が有名だが、六角《ろっかく》、京極を名字とした近江の大名は佐々木氏の直接の子孫だ。出雲国を拠点とした戦国大名の尼子《あまご》氏も佐々木氏から派生している。

一方、蒲生を名字とする蒲生《がもう》氏郷《うじさと》は、織田信長に引き立てられ、有力大名になる。出身は現在の日野町。一時期、三重県松阪市に領地を与えられるが、松阪が牛の名産地になったのは、蒲生氏郷が近江から牛を連れていったからという話がある。その真偽はともかく、近江牛、松阪牛ともに有名なブランド和牛であり、蒲生野の草原の歴史とつながっている。

ほかにも蒲生郡にゆかりをもつ武士は多く、都の周辺では、大阪・河内地方と並ぶ武士文化の源流地だ。その背景に、古代にさかのぼる馬牧の歴史があることも共通している。日野町は近江商人の発祥地のひとつでもあり、「日野商人」として知られる。そのはじまりの時期は不明だが、この地が古代からの馬牧であることと関係があるかもしれない。馬と物流は密接にかかわっているからだ。蒲生郡には「狛坂長者《こまさかの》（狛長者）」とよばれる富み栄えた有力者の言い伝えがある（吉田東伍『大日本地名辞書』）。狛が駒であるならば、古代における「馬の商人」の存在を示唆している。

名馬伝説と近江源氏

近江源氏の佐々木氏には、馬にまつわる伝説めいた逸話がある。ひとつめは名馬伝説のなかでも最も有名な「いけずき（いけづき）」（生食、生喰、池月、生月）が登場する以下のような話だ。

源頼朝は「いけずき」「するすみ（磨墨）」という二頭の名馬をもっていた。同じ河内源氏の一門でありながら、京都を占拠していた木曾義仲との決戦が避けられなくなったとき、梶原景季《かじわらかげすえ》は出陣を前に「いけずき」を所望するが、頼朝は許さず、「するすみ」を与える。ところが、頼朝は佐々木高綱に「望む者は何人もいるのだが」と言いつつ、「いけずき」

を与えた。行軍の途中、それに気づいた景季は立腹するが、高綱が「梶原殿ほどの人が所望しても許されなかったほどの名馬、私ごときが何を言ってもだめだと思い、どのような処罰をうけても構わないと、盗み出してきたのです」と言うと、景季は「自分もそうすれば良かった」と高らかに笑ってその場を去って行った——という颯爽《さっそう》とした一幕が「平家物語」にある。

「いけずき」は黒栗毛で、大きさは「八寸《やき》の馬」（四尺八寸、体高一四五センチメートル）と書かれているので、当時の日本の馬としては最大級。宇治川を渡る先陣争いとなったとき、「するすみ」は下流のほうに流されるが、「いけずき」は急流をものともせず、一直線に泳ぎ渡り、力の差を見せつけた。「いけずき」の誕生地は史料には見えないが、関東、東北、九州など多くの馬産地で誕生伝説が語られている。実在の馬かどうかもわからない、伝説的な名馬である。

佐々木高綱は四人兄弟の四男だが、馬にまつわるもうひとつの伝説の主人公、盛綱は三男。「平治の乱」で、頼朝の父、源義朝が平清盛に敗れたとき、四兄弟の父親は源義朝軍の中核で戦ったため、彼らは近江国に住めなくなり、伊豆国の流人だった頼朝の近くで暮らしていた。

源平の戦いも終わりに近いころ、瀬戸内海の沿岸部（岡山県倉敷市藤戸）で、源氏軍と平氏軍の戦いが起きている。平氏は都を追われ、劣勢であるとはいえ、瀬戸内海の制海権を保持し、水軍を主力として源氏軍に対抗していた。このときの「藤戸の合戦」は、その一場面だ。

海岸線からわずかな距離に島があり、平氏はその島に城郭を構えて、源氏軍と対峙していた。「平家物語」によるとその距離は約五〇〇メートル。佐々木盛綱とその配下の騎馬武者は、馬に乗ったまま、藤戸沖の海峡を泳ぎ渡り、平氏の城郭を奪い取ったというのだ。頼朝がそれを絶賛した言葉が「吾妻鏡」にある。

昔より河水を渡すの類ありといへども、いまだ馬をもつて海浪を凌《しの》ぐの例を聞かず。盛綱が振舞、希代の勝事《しょうし》なりと云々。

この逸話には前段があって、最前線にいた佐々木盛綱は、鎌倉にいる頼朝に手紙を送り、馬を所望している。佐々木兄弟の武勲は、頼朝から拝領した馬によって川、海を泳ぎ渡るという同じ構図で語られているのだ。琵琶湖東岸の佐々木荘を拠点とするこの一族は、琵琶湖で馬の水練に励み、特殊な馬の水泳術を伝えていたのではないか。そんな連想を呼び起こす兄弟そろっての活躍である。

神奈川県の三浦氏、梶原氏、千葉県の千葉氏、上総氏、東京都・埼玉県の畠山氏、武蔵七党、伊豆の北条氏。これら鎌倉幕府の政治と軍事の中核を担ったメンバーは、一都三県に伊豆地方を加えた関東南部の武士だが、例外的に近江源氏の佐々木氏が加わり、河内源氏の頼朝がトップに君臨している。鎌倉幕府という結果からの逆算ではあるが、河内源氏、近江源氏には、関東の武士と相通じる気風があったように見える。その理由のひとつは馬との関係が深い歴史と風土ではないだろうか。

馬にまつわる地名と名字

先ほど、東京都と滋賀県にある「日野」という地名が、野焼きと馬牧の歴史につながる可能性を検討したが、気になる地名、名字はほかにもある。本論から少し離れるが、地名と名字についてまとめておきたい。

下総台地の広大な原野は、全国有数の馬産地を形成したが、おびただしい草の葉におおわれた土地だから千葉——という説があることを最近知った。群馬、千葉。馬産地の風景を重ね合わせると、にわかに魅力的な県名に見えてくる。

この原稿の作成時、ワープロで「甲斐」と書こうとして、「飼い」と変換されることがあった。『岩波　古語辞典』によると、「飼ひ（飼い）」の本来の意味は動物に「食物や水をあてがう」あるいは、動物のエサのことだという。甲斐国とは、馬のエサとなる草の豊かな「飼いの国」なのかもしれない。

甲斐国は古代以来、四つの郡に分かれているが、馬産地が目立つのは巨摩《こま》郡だ。巨摩郡の由来については江戸時代より二つの説があった。①高句麗（高麗《こま》）からの渡来人が多く住んでいたから②馬（駒《こま》）が多く飼われていたから。

古代の文字表記と発音との関係についての学説（上代特殊仮名遣い）によって、昭和期には高麗《こま》説が有力になっていたが、この言語学の説には批判も少なくない。地域の歴史的な背景から見れば、駒《こま》説が自然であるように思える。

多摩川左岸にある東京都狛江《こまえ》市も注目すべき地名だ。都市化により、狛江古墳群の多くは消滅しているが、そのひとつである亀塚古墳からは馬具、馬形の埴輪も出土している。多摩地区では有数の古墳エリアであることも見逃せない。

「駒」が「巨摩」「高麗」「狛」と転じるように、漢字表記が変わる事例もある。埼玉県の秩父牧の候補地とされている皆野《みなの》町《まち》野巻は、「牧」が「巻」となったと想定されている。

同様の変化は名字でも見受けられる。小比類巻《こひるいまき》という名字は、キックボクサーの小比類巻貴之、歌手の小比類巻かほるによって知られているが、小比類巻という一族は、江戸時代、南部藩の藩営牧場のひとつ木崎野牧（青森県）の管理を任された在地の有力者だった。小比類巻の「巻」が「牧」に由来するのは確実だ（『百石町誌　資料編』所収「小比類巻家文書」）。

名字には一族の歴史や土地に対する所有権の提示という意味もある。馬飼、馬飼野《まかいの》、馬場、駒井、生駒、牧（真木）、牧野など、「馬」「駒」「牧」のつく名字は現代にも多いが、もしかすると、そのような人は先祖が馬にかかわっていたのかもしれない。

武田信玄の重臣と伝わる馬場信春、織田信長と豊臣秀吉に仕えた生駒親正《ちかまさ》、秀吉の家臣の駒井重勝（戦国期の記録として有名な『駒井日記』の著者）、徳川家康の家臣の牧野康成など、戦国武将にも「馬」にかかわる名字を持った人たちがいる。

古くは馬をメと読んだことは、流鏑馬《やぶさめ》、駿馬《しゅんめ》、馬寮《めりよう》という言葉でわかる。古代の馬産地に「目」のつく地名がいくつかあるが、馬の発音がマ、バに固まり、メと読んでもらえなくなったころ、「馬」の字が「目」に転じた可能性がある。平将門の史跡を訪ねるため、バスに乗っているとき、利根川の河川敷近くに目吹《めふき》（千葉県野田市）という地名が見えた。大阪府茨木市の目垣の対岸は第一章でとりあげた楠葉牧の伝承地。宮崎県には西都原古墳群とともに有名な生目《いきめ》古墳群（宮崎市）がある。

東京都目黒区には駒場の地名があり、今は東京大学のキャンパスになっている。駒場の地名の由来は、将軍が狩りに来て馬を留める場所があったからという説、馬の飼育地だったからという説がある。目黒という地名そのものが「馬《め》」に由来するという説もあり、『目黒区史』では有力な説として紹介されている。駒沢の地名のある世田谷区をふくめて、東京のこのあたりにも「馬」の気配は漂っている。そういえば、有名な目黒不動尊もある。

平安時代以降、馬は「ムマ」とも読まれていた。馬飼いは「ムマカイ」となる（『岩波古語辞典』）。馬にかかわる資料を見ているあいだに気がついたのは、「向」のつく地名が不自然なほど多いことだ。岩手県最上町で馬市を催していた向町《むかいまち》、山梨県甲府市で馬の歯が見つかった下向山町《しもむこうやまちょう》、東京・浅草の対岸にある古代の牛牧の伝承地である向島。馬産地に見える「向」の地名は、馬飼の発音が「ムマカイ」から「ムカイ」に転じたものではないかという疑問が生じる。秩父牧とのかかわりを検討した石灰岩の山、武甲山《ぶこうざん》は古い時代、「ムコウヤマ」と読まれている。「馬飼《むか》う山」だったのかもしれない。

「吾妻鏡」の建久五年三月、鎌倉に「甲斐国武河（武川）御牧」から馬八頭が到着したという記事がある。武川衆《むかわしゅう》は武田家の有力な家臣団で、現在は山梨県北杜市に武川《むかわ》の地名が残る。武川に馬牧があったということは、この地名が馬川《むまかわ》に由来する可能性を生じ、そうであるならば、武蔵国の「武」はどうなのかという話になり、連想に歯止めがきかなくなりそうなので、ここまでとしておきたい。

山梨県の乾いた大地に馬は繁殖した

初期の鎌倉幕府に参画した顔ぶれを見ると、関東地方のほか、山梨、長野、静岡の三県の武士団である。山梨県と長野県の馬の歴史についても考えてみたい。

新聞記者として山梨県の甲府支局に勤務していたとき、疑問に思っていたことがある。人口でも県内総生産でも、長野県（信濃国）の半分くらいの山梨県（甲斐国）が、戦国時代、長野県を圧倒していたことだ。

武田氏の時代の甲斐国（山梨県）は、長野県だけでなく、群馬県、岐阜県、静岡県の一部も領国化していた。現在の山梨県の人口は約八十三万人で全国四十二位。下には福井、徳島、高知、島根、鳥取の五県があるだけの小さな県だ。山梨県とほぼ重なる甲斐国が

「戦国大名日本一決定戦」の準決勝くらいまでは勝ち進んだのだから、信玄公（真の山梨県人はけして呼び捨てにしない。例「信玄公祭り」「信玄公の隠し湯」「武田信玄公之像」）が県民の誇りであるのはよくわかる話だ。

馬の歴史を調べているとき思いついたのは、戦国時代の山梨県が長野県を圧倒したという謎は、馬産地としての性格の違いによって説明できるのではないかというアイデアだ。いずれも古代からの馬産地だが、長野県のほうが山梨県よりも馬産地として格上と思っている人のほうが多いのではないだろうか。木曾馬の知名度のほか、信濃国の勅旨牧は十六か所あり全国第一位、甲斐国の三か所を大きく上回っていることも長野県を巨大な馬産地に見せている。

ただ、これまで見てきた古代馬産地と比較すると、信濃国の十六という牧の数は極端に多い。これは長野県の複雑な地形によって、それぞれの牧が小規模であったからだろう。小さな牧の分散によって、武士団が群雄割拠する状況が生じ、一国を支配する戦国大名が育たなかったことにつながる。現在、県庁所在地の長野市が県内で抜きん出た都市とはいえないことにも通じる話だ。十六か所の勅旨牧は私たちの目を引くが、馬産地としての信濃国の弱点でもある。

この二県はともに山国の代表格だが、長野県と比較すると、山梨県の地形はよほど単純である。県北に八ヶ岳、県南に富士山という大きな火山があり、そのふもとに古くから馬牧が営まれた。小笠原氏、逸見氏、武川氏、南部氏など、馬牧を背景とする武士団が知られている。山梨県の西側を南北に貫くこの地域が、先ほど話題とした巨摩郡（駒郡？）である。こうした武士団をまとめあげ、戦国時代の一大勢力へと飛躍したのが甲斐・武田氏だ。

武田氏も河内源氏の系譜に連なっており、源義家（八幡太郎）の弟である義光（新羅《しんら》三郎）を先祖とする一族だ。「尊卑分脈」の系図に、義光は「弓馬達者名将也」と記されている。武家作法宗家の小笠原氏も義光の子孫で、小笠原諸島にも名を残す名門。小笠原流馬術の宗家でもある。

降水量の少ない乾いた気象条件は、山梨県が全国一のブドウ、モモの産地である地理的な背景にもなっている。「甲州」という独自品種のブドウがあり、白ワインの原料としても利用されている。甲州ブドウがいつ、どのようにこの地に伝わったかはまったく不明だ——という新聞記事を以前、書いたことがある。奈良時代の僧侶、行基にゆかりを持たせる話はあるが、もとより伝説というべきものだ。

前漢の歴史家、司馬遷の『史記（大宛列伝）』によると、中国にブドウが伝わったのは紀元前二世紀で、前漢・武帝の使者（外交官）である張騫《ちょうけん》が、優良な牧草であるウマゴヤシとともに、西域の大宛（ウズベキスタンのフェルガナ）から持ち帰ったとされる。大宛は「汗血馬《かんけつば》」という名馬を産する地であり、馬とブドウにふさわしい地質条件が共通していることがわかる。もしかすると甲斐国には、海外から馬、ウマゴヤシ、ブドウの三点セットが伝わり、ウマゴヤシは代替品があるので重宝されず、馬とブドウだけ定着したのかもしれない。

記録のうえでは日本にウマゴヤシが渡り、定着したのは江戸末期だ。馬、牛を飼育するための専用の牧草への関心の低さは、エサとなる天然の植物が日本列島には豊富だったためだろう。現在、牛、馬の牧場には栄養価の高い専用の牧草が植えられているので、「人工草原」と呼ばれ、自然草原と区分けされている。

甲斐の黒駒の伝説

「日本書紀」の雄略天皇（在位は五世紀後半）のくだりに、「甲斐の黒駒」の話が出ている。日本最古の名馬伝説ともいわれるが、各地にあった古代の馬産地のうち、甲斐国が舞台であることが注目される。

雄略天皇の王宮に仕える名人の大工がいた。その男はけしてミスをしない自分の腕前を誇っていた。それを聞いた雄略天皇、仕事中の大工の目の前で、宮廷の女官たちにフンドシ姿で相撲をとらせた。裸の女たちの相撲に目を奪われ、大工はミスをしてしまう。天皇は軽々しく自分の能力を誇った大工を責め、死罪を申しつける。処刑の直前、仲間の職人たちがその大工の死は国家の損失であると訴えたので、雄略天皇は自分の間違いに気がついた。赦免の使者が「甲斐の黒駒」に乗って、刑場に急ぐ。なんとか間に合った——という内容だ。

女相撲の逸話としても有名だが、馬の伝説としては、「甲斐の黒駒」がいかに俊足であったかをアピールする話になっている。その後、「甲斐の黒駒」は聖徳太子の愛馬の固有名詞となり、さまざまな伝説を残している。平安時代に書かれた史書「扶桑略記」などに載る伝説によれば、聖徳太子は諸国から献上された馬の中から「甲斐の黒駒」が神馬であることを見抜いた。太子が乗るとその馬は飛翔し、富士山の上空さえ越えたという話になっている。奈良の法隆寺の近くにある駒塚古墳は、「甲斐の黒駒」の墓だという地域伝承もある。

聖徳太子の正式の名は厩戸皇子《うまやどのおうじ》。母親が出産の日、朝廷の各役所を視察し、馬にかかわる役所のそばで出産したことに由来する名前であると「日本書紀」に書かれているが、実に奇妙な話だ。聖徳太子には馬にまつわる伝説が多く、母方の系譜でつながる蘇我氏が軍事的、経済的に馬産地と関係していたからという説もある(平林章仁『蘇我氏と馬飼集団の謎』)。

「甲斐の黒駒」の伝説が近年、注目されているのは、古墳時代の山梨県で、馬の飼育が盛んであった状況が次第にはっきりしてきたからだ。甲府市の塩部遺跡から馬の歯などが見つかったが、一緒に出土した土器の年代などから、四世紀後半の馬であり、「日本でこれまで確認されたウマとしては最も古い例である」と報告された(一九九六年、山梨県埋蔵文化財センター発掘調査報告書「塩部遺跡」)。四世紀後半という時期は、他県の馬産地との兼ね合いで、早過ぎるという指摘も聞くが、ほかの発掘事例もあわせて、「甲斐の黒駒」の伝説の背後に、一定の史実があったことは否定しがたくなっている。

各国の特産物が列挙された「庭訓往来」では、甲斐国だけが「駒」の産地とされている。この本が書かれた室町時代ごろでも、甲斐国は全国屈指の馬産地だったことがわかる。

平安時代、甲斐国にある朝廷の馬牧は、柏前《かしわざき》牧、真衣野《まきの》牧、穂坂《ほさか》牧の三か所で、ほとんどの論者が北杜市、韮崎《にらさき》市など県北部の八ヶ岳南麓地域を候補地としている。柏前牧だけは甲府盆地東端の勝沼（甲州市）説があるが、ここは甲州ブドウの発祥地だ。朝廷の牧かどうかは別にしても、ブドウと馬の重複は興味深い。

縄文時代がはじまる一万数千年前ごろまで、八ヶ岳は東日本で有数の活動的な火山だった。八ヶ岳南麓の清里高原では、日当たりの良い草原が牛の放牧地になっており、古代の馬牧のイメージを与えてくれる。ただ、古代、中世のころは、未利用の土地がいくらでもあっただろうから、放牧地はもっと平地に近いエリアにあったと考える人が多いようだ。

山梨、長野の両県にまたがる八ヶ岳の周辺は、縄文時代、最も人口が多かったところのひとつで、国宝土偶「縄文ビーナス」（長野県茅野市出土）をはじめとするすぐれた出土品によっても知られる。縄文的な環境が馬産地の背景をなしていることは、九州や東北の馬産地と同様である。

朝廷の牧は消え、武士の牧が出現した

『長野県史　通史編第一巻』には県内十六か所の勅旨牧についての記述があり、茅野市、岡谷市、伊那市、松本市、長野市、軽井沢町など、県内ほとんどの地域が候補地とされて

いる。県北部に勅旨牧の候補地が集中している山梨県とは対照的だ。

県内すべての勅旨牧のうち、望月牧は歴史上、最も名高く、規模も最大であったと目される。旧望月町（佐久市）、旧北御牧村《きたみまき》（東御市《とうみ》）、小諸市にまたがる御牧ヶ原《みまきがはら》台地に古代の牧があった。台地の東から北は蛇行する千曲川、西は鹿曲川《かくまがわ》、南は布施川によって囲まれている。島崎藤村の近代詩「小諸なる古城のほとり」の題材となった小諸城は有名な観光地だが、千曲川がつくりだした七〇メートルほどの断崖のうえに立地している。本丸跡から見える対岸が、望月牧のあった御牧ヶ原台地である。「延喜式」にも「望月牧」と記載されており、古代の牧名と中世、近世、現代の地名が一致している。勅旨牧の所在地がほぼ確定できる珍しい事例だ。

平安時代も半ばを過ぎると、朝廷の権威の失墜とあわせて、東国四か国の勅旨牧から送られる馬も次第に減少し、ついには途絶える。最後の時期まで勅旨牧の務めを果たしたのが望月牧だった。

朝廷に馬を届ける習慣がなくなったあとも、牧は存在し、馬が飼われたケースも少なくなかったようだ。かつて朝廷の牧の管理者であった人たちが、牧を自分たちの所有として、そこを拠点として勢力を蓄えた。それが平安、鎌倉時代の武士団である——とかねてより言われている。この章で取り上げた千葉氏、秩父氏、武蔵七党、甲斐源氏の諸氏はその代表格だ。平安時代から鎌倉時代へという社会変革は、勅旨牧、諸国牧という朝廷の牧がフェードアウトし、武士の牧が出現する地域史としても展開している。

望月牧からも望月氏という有力武士団が生まれた。近江国甲賀の地侍集団のリーダー格だった望月氏（その旧邸は「甲賀流忍者屋敷」として公開されている）も望月牧を先祖の地としている。忍者というと虚構世界の住人という印象が強いが、その本質はスピードが勝負の情報産業であり、馬産地と直結していたことがわかる。

長野県に関してもうひとつ大切なことは、本州では唯一の在来馬である木曾馬の歴史だ。木曾馬は日本の風土に適応した馬の代表格であり、穏やかな気性で、斜面や悪路をものともしない働き者の馬だ。戦後、木曾馬は絶滅の危機にあったが、地元の人たちの努力によって貴重な血統が守られた。

木曾の馬産地に関係する人物としては、源平合戦のとき、短期間ながら京都を軍事的に制圧した木曾義仲が最も有名だ。この人も河内源氏の血統に属しており、源頼朝とは従兄弟の間柄。幼名は駒王丸。馬との因縁を思わせる名前だ。義仲の馬は、たくましい体格の「鬼葦毛《おにあしげ》」という名の木曾馬であったと伝わっている。

「平家物語」に登場する木曾義仲の愛妾、巴御前《ともえごぜん》は、色白で長い髪の美女でありながら、たぐいまれな強弓を引き、すぐれた「荒馬乗り」であったと記されている。巴御前については、実在の人物ではなく、創作上のキャラクターであるという説もあり、近年の歴史研究者にはあまり相手にされていないようだ。本稿では木曾の馬産地を背景とする「女騎馬武者」の伝説と考えてみたい。

近世以降の記録だが、木曾馬の産地では、女性の労働力が大きな比重を占めていたという。木曾馬の気性が良く、温厚な馬が多いのは、女性たちに優しく育てられるからという説もあるほどだ。木曾地方には女性が馬を乗りまわす風土があり、巴御前の伝説を生んだのかもしれない。

同じ源氏の一族でありながら、義仲と頼朝は決裂し、京都の軍事支配をめぐって争うことになる。最後の決戦に敗れ、死を覚悟した義仲は巴御前に、どこなりと落ちて行くよう言い渡した。最初はそれを拒んでいた巴御前だが、義仲の言葉に抗いがたく、「最後のいくさして見せ奉らん」と、頼朝軍の中に評判の武将を見つけ、敵側の軍勢に駆け入る。

巴御前はその武将と馬を並べて、むんずと組み合い、馬から引き落とし、首をねじ切ってしまったと「平家物語」は伝えている。史実かどうかはともかく、馬上戦闘における勝負のつけ方のひとつがうかがえる場面だ。

モンゴル軍を蹴散らした騎馬武者

鎌倉時代における「馬の日本史」として、一三世紀後半に起きた元寇（文永の役、弘安の役）に触れないわけにはいかない。騎馬戦力によってアジアからヨーロッパの一部まで支配していたモンゴル帝国が来襲してきたのだから、日本史上、空前の出来事である。その戦いぶりを、日本史の教科書はこう説明している。

> 元軍の集団戦やすぐれた兵器に対し、一騎打ちを主とする日本軍は苦戦におちいった。しかし元軍も損害が大きく、たまたまおこった暴風雨にあってしりぞいた。（山川出版社『詳説　日本史』二〇〇六年発行）

陸上競技の四〇〇メートルリレー、サッカー、ラグビーの国際試合。身体能力に劣る日本人選手は、一対一ではかなわないから、チームワークと細かい技術で勝機をうかがうというパターンになりがちだ。ところが、鎌倉時代の武士はそれとは真逆にも見える一騎打ちのスタイルで、世界最強のモンゴル軍に立ち向かっている。日本の騎馬戦術は集団戦ではなく、一騎打ちを基本としていた。それ以外の戦い方はできなかったのだ。

日本軍は負けそうになっていたが、幸運な暴風雨によって救われたという有名な神風の話がある。しかし、中世史が専門の服部英雄氏は『蒙古襲来と神風』など一連の著作で、撤退の原因になるほどの暴風雨は発生していないこと、九州の武士団の奮闘で、従来いわれていたよりもモンゴル軍（中国人、朝鮮半島人をふくむ）の被害は甚大であったことを明らかにした。二〇一六年発行の同じ教科書では、撤退の理由は「暴風雨」ではなく、「内部の対立など」と改訂されている。中国の公式史書である「元史」は、負けたわけではないが、事情があって帰還したとあいまいに記録している。

日本の武士がモンゴル軍を相手に披露した一騎打ち戦術とは、どのようなものだったのか。矢を背負った騎馬武者が、大きな弓を片手に、モンゴル軍目指して一騎駆けしてゆく。そうした合戦場面は、竹崎季長《たけざきすえなが》という九州の武士が、自らの活躍を描かせた有名な絵巻物「蒙古襲来絵詞《もうこしゅうらいえことば》」によって知られている。先駆けの功名を得たいがために、十人足らずの少人数で突っ込んでくるのだから、モンゴル軍にすれば、捨て身のゲリラ戦術に見えたかもしれない。

竹崎季長は肥後国（熊本県）に生まれ育った在地の武将だ。阿蘇山がつくりだした広大な火山性草原があり、現在も放牧地として維持されている。縄文時代をさかのぼる旧石器時代から、狩猟文化が栄えたエリアで、「延喜式」にも二つの馬牧が記録されている。

元寇を話題とした流れで、馬のサイズについて述べておきたい。

国によって基準は違うようだが、欧米ではだいたい体高一四七センチメートル以下の馬をポニーと呼んでいる。子供が乗馬の練習を始めるときに乗るような小型馬のことだ。日本の馬はポニーサイズの小さな馬で、そんな馬に誇らしげに乗っている日本の武将は「残念な人たち」という論評を目にすることがある。

しかし、馬のサイズはそれほど単純な話ではないらしい。横浜市の根岸競馬場の跡地にある「馬の博物館」副館長、末崎真澄氏からこんな説明をうけた。

「戦闘に馬を使うことを考えたとき、馬は大きいほど良いのかというと、必ずしもそうだとは言えません。モンゴル人が乗っている馬は、日本の馬と同じくらいで、体高一四〇センチメートルほどだし、騎馬戦士として名高いコサックの馬も一五〇センチメートルほどで、けして大きな馬ではない。『馬の博物館』の仕事をとおして、海外のさまざまな馬を見てきましたが、日本の馬は大きくなくても、先天的なたくましさがあるという印象を持

っています」

モンゴルの兵士にとって、良い馬の条件は、病気やケガに負けない頑強な肉体を持ち、粗食に耐え、長期間の遠征をこなす能力があることだ。日本の武士が馬に求めたことも基本的には同じだろう。中世のヨーロッパで巨大な軍馬が珍重されたのは、重い鉄製の鎧で武装したドン・キホーテのような格好の騎士を乗せるためだった。時代や国によって戦闘スタイルは違うのだから、同じ武人であっても、馬に求めるものは異なる。それが馬のサイズにも反映されている。

鎌倉時代の元寇のとき、騎馬軍団を擁して世界帝国を築いたモンゴル軍（日本に騎馬部隊がどれくらい来たかは不詳）を、一騎打ち戦術で

蒙古襲来絵詞

押し返したのだから、日本の馬には特筆すべき戦闘力があったと言う人もいる。一騎打ち戦術では、馬自身の闘争心や体力が物を言うからだ。

中国全土、朝鮮半島を軍事支配したモンゴルが、二度の大遠征を試みながら、なぜ、日本を征服することができなかったのか。

火山と黒ボク土の大地に広がる草原は、東アジア世界では有数の馬産地をつくりあげた。そこに生息する馬たちは、日本列島の防衛力として機能していた——という事実を、「馬の日本史」から提示することができる。第二次世界大戦の敗北まで、他国に占領されたことのない歴史を誇るのであれば、潜在的防衛力であった馬たちにもう少し感謝する必要がありそうだ。

中国史の相似形としての「馬の日本史」

ユーラシア大陸の大半を支配していたモンゴルは、二度の日本遠征を試み、三度目の遠征の計画さえ練っていた。この強いモチベーションの源はどこにあったのだろうか。フビライ・ハンの耳にも入っていた日本列島の金の鉱床、火薬の原料で中国本土では入手が難しい硫黄。そうした日本列島の産物を欲していたことが元寇の理由だという説があるが、モノであれば買えばすむ話だ。元寇に秘められたもうひとつの謎は、中国歴代の王朝のなかで、モンゴル人による元だけが、日本列島の直接支配に固執したことだ。

モンゴル人が朝鮮半島を統治したといっても、その支配は比較的ゆるかったようだが、済州島だけは多数のモンゴル人が馬をともなって移住し、軍馬の牧場として開発された。モンゴル人が大量移住したのは、済州島には火山性草原が広がっており、騎馬遊牧民のライフスタイルが移入できたからだといわれている（金日宇、文素然『韓国・済州島と遊牧騎馬文化：モンゴルを抱く済州』）。

モンゴル人が日本の直接支配に執着したのは、済州島と同じように、日本列島が火山島だからではないだろうか。しかも、はるかに大きな火山島で、草原の面積は比較できないほどの広さがある。軍事的に支配した日本列島に、大勢のモンゴル人が入植し、小さいながらもうひとつの草原国家をつくりあげる——。「騎馬民族征服王朝」がもっとも現実味を帯びていたのは、古代ではなく、鎌倉時代だったのかもしれない。

中国の歴史を貫く大きな流れとして、水田稲作を経済基盤として高度な文明を築いた漢民族と北方の騎馬遊牧民（匈奴、モンゴル人など）との果てしない戦いがある。匈奴が始皇帝の秦、劉邦の漢を苦しめたことは、万里の長城の歴史とともに有名だ。五胡十六国時代（四、五世紀）、中国北部に騎馬遊牧民系の国家がいくつも出現し、モンゴル人の元は中国全土を支配するに至った。

漢民族国家の明を滅ぼし、清《しん》を建国した女真《じょしん》（満州族）は匈奴、モンゴル人のような遊牧民ではないが、狩猟民の伝統をもつ北方の異民族だ。騎馬遊牧民は、人口、技術、社会制度をはじめ多くの点でまさっているはずの漢民族を、軍事的に圧迫し続けた。国家・地域が保有する馬の数はその国・地域の軍事力に比例する——という鉄則は中国史において最も明瞭に現れている。

アジア大陸では万里の長城が築かれた北緯四〇度線あたりを境界として、北方の騎馬遊牧民と南方の漢民族（農耕民）が対峙していた。日本列島でも北に行くほど、農耕に向かない原野が増えるが、それ以上に火山帯と重なる黒ボク地帯の草原が歴史的な重要性をもっている。そこに馬が繁殖した結果として、騎馬武者の伝統が生じ、水田稲作を基盤とする西日本の政権（朝廷）を武力によって圧倒することになる。

極端な表現を使うなら、五世紀以降、馬が普及した結果、日本列島は異なる文化と風土をもつ二つの国に分裂したと考えたほうがわかりやすいのかもしれない。水田稲作を基盤とする「コメの国」（西日本）と武力にたけた「馬の国」（東日本＋九州南部）である。東国の武士たちが樹立した鎌倉幕府が、武力を背景に朝廷を実質的に支配するという構図は、中国史のミニチュアのようなところがある。

東西対決の歴史

鎌倉幕府の成立をめぐる背景を検討した本章のまとめとして、もう一度、『平家物語』に注目したい。源平合戦の序盤である富士川の戦いの前、平家軍の大将平維盛《たいらのこれもり》が、関東の武士でありながら平家軍に加わっていた斎藤実盛《さいとうさねもり》に、東国の事情を尋ねる有名なくだりがある。お前ほど強い弓を引く武士は、東国にどれくらいいるのかと聞かれた実盛はこう答えた。

東国には弓矢において、自分ほどの力量の武士はいくらでもいるし、それなりの領地をもつ武将であれば五百騎以上の騎馬武者を率いている。馬に乗れば落ちることはなく、どんな険しい所も馬で駆けて行く。西国の武士は、親が討たれたら念仏をあげ、子が討たれたら嘆き悲しみ、戦いをやめてしまうが、東国の武士は親が討たれようが、子が殺されようが、屍《しかばね》を乗り越えて戦い続ける。それを聞いた平家軍の兵士は皆、震えおののいた——。

この場面は象徴的だが、「平家物語」が描く源平合戦には、西日本と東日本の対決という日本史を貫く宿命的なテーマが見え隠れしている。東国の武士の強さが、弓と馬によって説明されていることも印象的だ。

縄文時代の一万数千年の間、人口が多く、すぐれた遺構、遺物を残したのは、長野県、山梨県などの中央高地、東北、関東の東日本だった。水田稲作が定着した弥生時代以降、日本列島の中心軸は西日本に移動する。律令時代の税制はコメ作りを前提としているが、東日本は水田稲作の困難な黒ボク土の土地が大半なのだから、社会的な軋轢は相当大きかったのではないだろうか。

弥生時代以降、経済だけではなく、政治的、軍事的にも、東日本に対する西日本の優位性は次第に高まった。奈良盆地のヤマト王権が日本列島をまとめあげ、そのあとも京都が政治と経済の中心という時代が続く。圧倒的な西日本の優位が崩れはじめるのは平安時代の半ば以降のことだ。平将門の乱、平忠常の乱が、東国の台頭を物語っているが、東西のバランスが変調する最初の兆しは古墳時代に見える。群馬県、千葉県などに出現する大規模な古墳と豪華な副葬品。その背景にあるのは、馬産地としての繁栄であると推定できるからだ。

関東武士の台頭とは、貧しい黒ボク地帯の人たちが、馬産地を背景とした軍事力によって自信を深め、豊かな水田稲作地帯の「富」を奪取するチャンスをうかがい始めた――と理解することもできる。鎌倉幕府の樹立によって、東西のバランスは再び東に傾く。源頼朝および鎌倉幕府の歴史的な意味とは、関東、東北の馬産地としてのポテンシャルを、軍事力にとどめず、政治力に変換することに成功したことだ。

平家軍に代表される西日本の武士が不甲斐なかったとはいえない。九州南部を除いて、西日本には馬を繁殖させる草原の面積が乏しかったのだ。鎌倉時代から江戸時代まで、西日本が軍事的な劣勢を抜け出せなかったのは、「馬の日本史」のうえでは必然の結果である。

水田稲作に不向きであった黒ボク地帯が、馬たちにとって最良の放牧地になったことは、皮肉な歴史のめぐりあわせのようだが、ある時期までの強みがマイナス要因に転じたり、あるいはその逆が起きたり、ということは時代を問わず、国を問わず、あるいはビジネスの世界でもしばしば起きることだ。

馬産地のあった東日本と九州南部が縄文文化のエリアであるならば、水田稲作に適した西日本は弥生文化のエリアである。東西対決の日本史は、縄文と弥生の文化的な葛藤としても理解できる。

なぜ、武士政権は関東で誕生したのか。日本列島の大地の歴史からいえることは、そこには火山活動やプレートの運動に由来する草原があり、馬産地が形成されたからだ。馬の歴史は武士の歴史と合流して巨大な奔流となり、日本列島の社会構造そのものを大きく突き動かした。

第四章　東北——南部馬、その栄光と悲劇

東北の馬はなぜ大きいのか

平安時代から近現代に至るまで、東北地方の北部は、日本の馬産地の最高峰とされてきた。江戸時代の藩でいえば、日本海寄りの津軽藩ではなく南部藩。現代の地図のうえでは、岩手県北部と青森県の太平洋側にあたる。古代からの郡制では陸奥国糠部郡《むつのくにぬかのぶ》。「糠部の駿馬」と呼ばれていた東北北部の馬は、近世以降、「南部馬」の名で知られている。

江戸時代の馬は平均体高（馬の背の高さで、首の付根にある、きこうの高さ）が約一三〇センチメートル。それに対して、南部馬の平均体高は約一四五センチメートルと大

きく、姿形・気性が良かったため、当時の人々にとって「憧れの馬」であった。（もりおか歴史文化館『馬のいた風景』）

引用の文章は、南部馬の地元、岩手県での展覧会資料なので、この数値はやや誇張気味だと思うが、南部馬のセールスポイントがその体格の良さにあったのは事実だ。南部馬は他産地の馬より目立って大きいので、朝鮮半島経由で入ってきたモンゴル系の馬ではなく、北海道経由で入ってきた別系統の大型馬を先祖とするという説があったほどだ。

現在、この説が否定されているのは、北海道では古代、中世の遺跡から、馬具、馬の骨などの遺物がまったく出ていないことに加え、ＤＮＡの分析によって、木曾馬をはじめとする日本の在来馬と南部馬、北海道和種（道産子）が同じ系統であることが判明したためだ（戸崎晃明「日本在来馬の系統解析」『馬の科学』40号）。

同じ種の動物でも、時代や地域によってサイズが変動する。縄文時代の鹿は現在の鹿よりも一回り大きかったことがわかっているが、弥生時代、西日本の鹿が小型化して、現代の鹿と同じくらいになるのに対して、東日本の鹿は縄文時代と同じ大きさだった。東日本には弥生時代になっても、縄文時代と変わらない恵まれた草原の環境があったからだろう。

西日本はただでさえ、草原が少ないのに、水田稲作の普及によってさらに草原が減って、鹿のサイズは小さくなったようだ（西本豊弘ほか『事典　人と動物の考古学』）。

鹿と馬が食べる草は重なっている。鹿肥える北の大地は、馬にとっても望ましい環境であり、その歴史的な結果として、東北北部に体格の良い馬種が形成された——という見通しをもつことができそうだ。

一般論としては、同じ種類の動物でも、生息地が北になるほど大型化するという「ベルクマンの法則」がある。フィンランドなど北欧人の平均身長はイタリアなど南欧人よりも高く、東北人の平均身長は九州人よりも高いという調査結果もある。体温維持のためには大きな体が有利だからと説明されている。

明治時代になって、欧米列強の軍馬に体格面でも負けない馬を育成する政策が打ち出されたとき、南部馬など在来馬の雌と輸入した雄馬をかけあわせる方法がとられた。他産地の馬よりも南部馬が大きかったからだ。大型化を柱とする〝改良〟は徹底され、その結果、本来の南部馬が絶滅するに至る。

逆に言えば、対馬馬《つしまうま》、トカラ馬など離島にいる小型の馬は、〝改良〟が期待されなかったので、現在も江戸時代以来の形質を保っている。現存する日本固有の馬の大半は、農耕、運搬で活躍していた馬の子孫だから、その仕事にふさわしい、ずんぐりむっくりの体形をしている。

絵図類と写真を見るかぎり、南部馬をはじめとして武士が乗るための馬は、筋肉質でがっしりとして、均斉のとれた体つきをしている。人間でいえばアスリート体形。日本の在来馬というと、不格好な体形の小型馬というイメージが定着したのは、「武士の馬」が明治政府の政策によって消滅してしまったからでもある。不幸な誤解というしかない。

武士の国宝、縄文の国宝

弥生時代、青森県など東北北部でも水田稲作が始まる。しかし、しばらくすると水田稲作は放棄され、縄文時代に似た狩猟採集の生活に逆戻りした。東北、北海道のみに適用される時代区分「続《ぞく》縄文時代」である。寒冷な気象条件に加えて、東北北部は九州と並ぶ火山地帯だから、濃密に黒ボク土が広がっている。水田稲作の困難は明らかだ。東北北部の広大な原野には鹿をはじめとする動物が多い。鮭など魚介類にも恵まれている。狩猟生活にはふさわしい土地なので、水田稲作への執着が希薄だったともいえる。

古墳時代になっても、東北北部では狩猟採集の「続縄文文化」がつづいているが、七世紀後半ごろ、土を丸く盛った墓が見られるようになり、そこから馬具や馬の骨や歯のほか、朝鮮半島製とみられる宝剣などが出土している。七世紀後半といえば、天智天皇、天武天皇の時代。そのうえ東北北部は朝廷の支配圏の外にあって、蝦夷《えみし》と呼ばれた人たちの社会だったから、日本史上の古墳時代とは別枠の「末期古墳」として扱われている。言うなれば、「蝦夷の古墳時代」だ。

馬具、馬の骨などが出土した青森県の遺跡のリストを見ると、平安時代以前のものは二十か所くらいあるが、その半分は八戸市の遺跡が占めている。蝦夷時代も、八戸市が東北北部の中心的なエリアであったことがわかる(杉山陽亮「北方の馬産地」『牧の考古学』所収)。

ここまで国宝馬具を手がかりに、地域社会の繁栄を探ってきたが、その延長として注目されるのは、青森県八戸市には三つの国宝があることだ。縄文時代の土偶と櫛引《くしびき》八幡宮所蔵の中世の甲冑《かっちゅう》二点。国宝の存在をその地域の繁栄の証拠だとするならば、八戸市の活況は縄文時代と武士の時代に生じたことになる。武士時代の繁栄の原因として、馬産地の経済力を想定できるが、その背景に縄文文化を支えた草原の広がりがあることは言うまでもない。

八戸市で発見された国宝「合掌土偶」。その命名は手を合わせて拝んでいるようなポーズによるものだ。長野県の「縄文ビーナス」とともに、縄文時代の国宝の代表作となっている。青森県を中心とする東北北部と北海道の縄文遺跡群は、世界遺産の推薦候補になっている。高度な狩猟採集文化として、海外でも評価を得つつある縄文文化だが、その中心地のひとつが青森県八戸市である。

十和田湖で起きた日本史上、最大クラスの噴火

東北北部が国内最大の馬産地になったのは、広大な自然草原があったからだろう。まず、指摘できることは気温と雨量。日本列島の森林は高温多雨によって形成されるのだから、北に行くほど、その条件が少なくなる。北海道が国内最大の牧畜地帯となっているのはこのためだ。東北北部は冷涼な気象条件によって、草原が形成されやすい。南北に連なる奥羽山脈が壁になり、太平洋側は意外と雪が少ないことも馬の飼育のためには良い条件だ。

もうひとつの地理的条件は、東北北部から北海道にかけて、九州と並ぶ火山地帯があること。ここでも「火山性草原」が地域の歴史を解きあかすキーワードとなる。数多い東北の火山のなかでも最大の活火山が十和田湖。火山としての名称は十和田火山だ。

十和田火山の一万五千年ほど前の噴火は、噴煙が成層圏に到達する超巨大噴火で、大量の噴出物によって大地が陥没し、カルデラ地形ができた。それが現在の十和田湖だ。

この超巨大噴火が「八戸噴火」といわれるのは、八戸市に残っている火砕流の痕跡物が研究上の指標地とされているためだ。八戸噴火によって、南は岩手県域、北は下北半島の根元まで火砕流が達している。南部馬の産地だった江戸時代の牧場の多くは、この火砕流エリアと重なっている。

日本列島の火山噴火史で、最大クラスの超巨大噴火が三万年ほど前、現在の鹿児島湾北部を火口として起き、一万五千年ほど前には十和田湖を火口として起きている。日本列島では一万年に一度くらいの頻度でしか起きない、いわゆる「カルデラ巨大噴火」である。第二章で述べたとおり、三万年前の姶良《あいら》カルデラ噴火の痕跡地は西日本で最大の馬産地を形成したが、それと同じことが一万五千年前の十和田カルデラ噴火についても言える。列島の南の端と北の端で、「超巨大噴火」が起き、ともに馬産地として、よく似た地域史が展開している。

文字記録の残る奈良時代以降の日本史のなかで最大の噴火は、平安時代の九一五年に十和田火山で起きた噴火だとされている。「扶桑略記」延喜十五年のくだりに、東北では二寸の火山灰が積もり、桑の葉が枯れたこと、京都でも太陽に輝きがなく、まるで月のようだったことが記録されている。十和田火山は現在、目立った活動をしていないが、常時監視されている活火山のひとつでもある。

桓武天皇を苦しめた蝦夷の騎馬戦士

朝廷と蝦夷の戦争について、ひと昔前までは征夷大将軍、坂上田村麻呂《さかのうえのたむらまろ》の武勇伝が話題になるくらいだったが、近年、古代における最も大きな戦いであったという見方が定着しつつある。「三十八年戦争」ともいう。奈良時代と平安時代にまたがる三十八年間（七七四年〜八一一年）の長期戦は、馬の歴史とも深くかかわっている。

この戦争がつづいた期間の大半は桓武天皇の治世と重なっている。朝廷直属の戦力のほか、関東、東海をふくめ、多い時には十万人規模の兵力が動員されている。関ヶ原の戦いのときの兵力数は東軍西軍合わせて十六万人ほどだといわれる。動員兵力を見るだけでも、地域紛争を超えた、国家規模の戦いであったことがわかる。

平安時代のはじめ、蝦夷の支配地域との〝国境地帯〟は岩手県にあり、いくつかの城が造られた。坂上田村麻呂が築いたと伝わる志波城《しわじょう》は盛岡市によって復元が進んでいるが、

蝦夷との〝国境地帯〟にあった志波城が復元されている

八四〇メートル四方を高い築地塀と外堀によって守られた政治と軍事の拠点だった。

蝦夷の抵抗は続き、朝廷軍は決定的な勝利をあげることができないまま、戦いは長期化してゆく。うやむやのうちに戦争は終結するが、東北北部における朝廷の支配が不完全であったことは、その後、安倍氏、奥州藤原氏という半ば独立国家めいた世襲の政治勢力が出現することによっても明らかだ。

考古資料のうえで、青森県でも七世紀半ばごろから馬が普及しはじめたことが判明している。このころの東北北部は蝦夷の時代だ。それから百年も経たない奈良時代の初頭、八十七人の蝦夷が都を訪れ、千頭の馬を献上したという記事が「扶桑略記」に出ている（養老二年八月、原

文「出羽並渡嶋蝦夷八十七人来、貢馬千疋」)。

奈良時代、馬千頭はたいへんな数である。それでこの記事の史実性を疑う論者もいるが、その後、東北北部が国内最大の馬産地となることから見ても、話の大筋を疑う必要はないと思う。地域伝承ではあるが、二千頭という数字が見える次のような話もあるからだ。

千葉県の香取神宮から少し離れた場所に、摂社である側高《そばたか》神社がある。伝承によると、側高の神は東北の原野をめぐって、馬二千頭を捕らえて帰ってきた。それに怒った東北の神が追いかけて来たので、側高の神は霞ヶ浦の水を満たして防いだという。この伝承の背景に史実があったとすれば、蝦夷の騎馬部隊に手を焼いた朝廷側が、馬そのものを奪う作戦を実施したということだろう。

「三十八年戦争」における対立構造は、「青森県、秋田県、岩手県など東北北部」VS「それ以外の日本のほとんど」というものだ。律令制度にもとづき組織的に運営されているはずの朝廷軍。それに対し、蝦夷側は「続縄文時代」を脱したかどうかという社会で、指揮系統もはっきりしない。武器製造をはじめとする技術水準でも、兵士の動員にかかわる人口規模でも、朝廷軍と蝦夷軍の間には圧倒的な開きがあったはずだ。こうした格差にもかかわらず、なぜ、朝廷軍は苦戦したのだろうか。

その理由として指摘されているのは、馬を乗りこなし、巧みに弓矢を使う騎馬戦闘の技術において、蝦夷軍が朝廷軍を上回っていたことだ。それを証明する有名な一文が、「三十八年戦争」より少しあとの時期だが、朝廷編纂の史書「続日本後紀」承和四年（八三七年）二月のくだりにある。

「蝦夷は馬上で弓矢を扱うことに、生まれながら慣れているので、普通の兵士では、十人がかりでも、蝦夷一人に敵《かな》わないのです（原文「弓馬戦闘、夷獠之生習、平民之十、不能敵其一」）」。そんな泣き言めいた報告が、戦争の最前線からもたらされている。馬上の弓術というと武士の基本技術のような印象があるが、この時期でいえば、蝦夷軍のお家芸であったことがわかる。

この章の冒頭で述べたとおり、東北北部の馬はほかの地方の馬よりも目立って体格が良かった。騎馬の戦闘で蝦夷側が優勢であった理由として、馬そのものの体格、体力で、朝廷軍の馬を圧倒していたという状況を想定することができる。

まったくの推測ではあるが、保有する馬の数で、蝦夷側が朝廷軍を上回っていた可能性もある。そうとでも考えないかぎり、朝廷軍の苦戦は理解できない。

延暦八年（七八九年）には、朝廷軍が千人を超える戦死者を出すという歴史的敗北を喫している。蝦夷の名将、阿弖流為《アテルイ》が活躍した時期だ。「続日本紀」には、将軍の紀古左美《きのこさみ》からの弁解がましい報告を、「虚飾」「浮詞」と切り捨てる桓武《かんむ》天皇の言葉が生々しく記録されている。

なぜ古代最大の戦争が東北で起きたのか

古墳時代のヤマト王権にはじまる列島統一の戦いは、最後の最後に至って、非常な困難に直面したことになる。なぜ、この時期、日本列島の最北端で、古代史上最大ともされる戦争が起きたのか。五世紀以降、日本列島に広がった馬の文化は、七世紀には東北北部にも及び、国内では最大の馬産地が形成される——まさにちょうどその直後、朝廷にとっては最悪とも思える時期に、「三十八年戦争」は始まっている。もし、あと二百年ほど早く、つまり東北北部が巨大な馬産地になる前に、朝廷軍が東北北部に攻め入ったならば、まったく違う状況が生じただろう。蝦夷の騎馬部隊は存在していないのだから、たいした抵抗もなく、この地域を支配することができたはずだ。

朝廷は歴史的な偶然によって、泥沼の戦争に突入してしまったのだろうか。そうではないだろう。都の人たちにとって不毛の寒冷地帯にしか見えなかった東北北部の黒ボク地帯。

そこが日本列島で最も有望な馬産地へと変貌し始めたことによって、朝廷は総力をあげてその支配を目指す戦争に乗り出したのだと思う。

古代東北で注目されるもうひとつは、金の産地であること。奈良時代、大仏を造営するときに発見されたと伝わる砂金産地は宮城県域だが、江戸時代の記録によると岩手県一戸《いちのへ》町《まち》の平糠《ひらぬか》金山など、馬産地の中核である糠部郡にも金産地が点在している（萩原三雄編『日本の金銀山遺跡』）。金の鉱脈は太古の火山活動の産物なのだから、火山地帯の東北は国内有数の金産地でもある。これも「三十八年戦争」の背景だと思うが、別のテーマになってしまうので、ここでは馬産地としての歴史に焦点をあわせたい。

「三十八年戦争」の前後の時期もふくめ、東北北部の国境エリアをはさんで、蝦夷と朝廷勢力が軍事的に対峙する時代が続くが、朝廷側の人たちは密貿易さながら、非公式ルートによって北方の馬を争うように求めている。代表的な交換財は鉄だった。鉄は農具や刀剣など武具の材料であり、蝦夷側を利するので、交易を禁止するという通達が出ている（延暦六年正月二十一日付太政官符、『国史大系25　類聚三代格』所収）。それでも馬の密貿易はやまなかった。蝦夷の馬がいかに魅力的で、資産価値が高かったかがわかる。

ここでひとつの疑問が生じる。大きく、強く、美しい馬を育てることは、馬の飼育における基本的な目標である。朝鮮半島から伝わった専門技術を有する朝廷の馬牧ではなく、縄文時代と大差のない文化レベルである蝦夷の領地で、最高ランクの馬が輩出される状況が生じたのは、なぜなのか。

この矛盾を説明するための回答はひとつしかない。馬の飼育にとって本質的な重要さを持つのは草原の質と量であり、飼育技術は二次的な要因であるということだ。

千葉県木更津市の金鈴塚古墳の驚異的な出土品について先に述べたが、そこには獅噛環《しがみかん》頭大刀《とうたち》という朝鮮半島製とみられている剣がふくまれている。獅子の顔をデザイン化した柄頭《つかがしら》をもつ宝剣だ。同じタイプの剣の柄頭が八戸市にある「蝦夷の古墳」である丹後平《たんごたい》古墳からも出土し、国の重要文化財（このうち特に価値が認められたものが国宝）に指定されている。

獅噛三累環頭大刀柄頭
（八戸市博物館所蔵）

このような高価な宝剣を蝦夷が所有していたことについて、青森県出身の歴史学者、盛田稔氏は、朝鮮半島への馬の輸出の対価として当地にもたらされたという説を提示している。この見通しが正しければ、古墳時代の千葉県に見える馬産地としての繁栄が、数世紀の時間差を置いて、八戸市に出現したとも解釈できる。盛田氏は馬の飼育によって変貌した蝦夷社会を、八戸《はちのへ》、三戸《さんのへ》など「戸」の付く土地の歴史としてこう述べている。

戸は馬飼いの里であり、そこに住む蝦夷は馬飼いの民であった。馬飼いの民はまた弓馬の戦闘に勝れ、（中略）騎馬民族でもあった。（共著『中世糠部の世界と南部氏』）

東北北部の草原で馬が大繁殖したとき、蝦夷の社会から「騎馬戦士」が出現し、朝廷軍の前に立ちはだかった――というストーリーが提示されている。

ムスタング――インディアンの戦友となった野生の馬

蝦夷の騎馬文化を考えるうえで、格好の比較データとなるのが、北米インディアンの歴史である。日本列島と同様、アメリカ大陸にも馬は生息していなかった。インディアンの騎馬文化の起点にあるのは、ムスタングという野生化した馬だ。ムスタングの先祖は、スペイン人の入植者（侵略者？）が持ち込んだ馬だが、いつのまにか人間の生活圏から離れ、草原で野生化して大繁殖した。馬が逃亡したケースもあれば、不必要になって捨てられたケースもあったらしい。

ムスタングについて詳しく解説している日本語文献が見当たらなかったので、"Mustang : The Saga of the Wild Horse in the American West"という本を入手し、辞書を片手に読んでみた。著者はアメリカ西部の歴史を手がけているノンフィクション作家ディアン・スティルマン氏。

北米大陸の草原地帯には、バッファローなどの狩猟を生活基盤とするPlains Indians（平原インディアン）の部族が暮らしていたのだが、彼らは大草原で自然繁殖した馬を捕獲して飼い慣らし、乗り回すようになる。広大な平原を生活圏とする人たちだから、馬は生活の一部になり、子供たちも見事に馬を操るようになる。粗末な馬具しかないにもかかわらず、アクロバティックな乗馬術を駆使していたことを、当時の旅行者が記録している。狩猟のスタイルも一新された。徒歩と弓矢の狩猟だったのが、馬に乗り銃を持って、バッファローなどの獲物を追うようになったのだ。

北米大陸でヨーロッパからの入植者の生活圏が拡大するにつれて、インディアンとの紛争が発生するようになるのだが、当初はインディアンに圧倒される局面も少なくなかったようだ。バッファロー狩りで養われたインディアンの騎馬技術は、戦闘の場面でも有効だったからだ。一八七六年、モンタナ州でのリトルビッグホーンの戦いでは、アメリカ合衆国の騎兵隊がインディアンの部族連合に完敗し、三百人に近い戦死者が記録されている。インディアン騎馬戦士の強さの原因は、その乗馬術とともに、ムスタングの驚異的な強靭さ、持久力にもあったようだ(原文"wild horses have unparalleled strength, endurance, and stamina")。

インディアンの騎馬文化が発達した時期は、日本史のうえでは戦国時代から江戸時代に相当する。わずかの期間に卓越した騎馬戦士が誕生した理由は、もともと彼らが大草原を生活圏とする狩猟民であったからだ。そして何よりも、自然繁殖した馬の群が大草原に存在したからだ。

スケール感では劣るが、古代東北の馬の歴史には、北米大陸のそれと似たところがある。意気軒昂な狩猟民が馬を入手したとき、わずかの期間で強力な騎馬戦士に生まれ変わること。平原インディアン、蝦夷ともに専門的な調教技術を学んでいたとは思えないのに、質素な馬具だけで、みごとに馬を乗りこなしていたこと。そしてもうひとつ、共通点があるとしたら、自然繁殖した馬の群が、蝦夷の生活圏に存在したかもしれないことだ。

野生の記憶——日本列島でも馬は自然繁殖したのか

東北北部が最大の馬産地となるそもそもの発端は、どのような形だったのだろう？　蝦夷が朝廷側の人たちから馬を購入し、それを増やしたのか。それとも盗み出した馬が増えたのか。もちろん、そうしたこともあったのだろうが、朝廷の役人や〝倭人〟の入植者が東北に持ち込んだ馬が逃げ出して原野で暮らすようになり、自然繁殖したケースもあったのではないだろうか。東北のワイルドホースは、ムスタングの再野生化からの類推にすぎないのだが、いくつかの状況証拠はある。

北海道和種（道産子）として知られる在来馬がいるが、考古学の資料によると、古代の北海道に馬は存在しておらず、出現するのは江戸時代かそれよりも少し前の時期だ。DNAの分析によると、北海道和種は南部馬の血統をうけているので、東北方面から持ち込まれたことは明らかだが、在地の武士や農民が馬牧を開いた記録はない。というわけで、北海道和種の誕生をめぐっては、「ニシン漁の始まりとともに北海道に渡った東北地方の南部馬が、漁期の終了後現地に置き去りにされたものの子孫で、苦しい試練に耐えて生き繁殖した歴史を経て成立したものである」（『日本大百科全書』）という説がある。東北北部よりもさらに寒冷な北海道で、馬は自然繁殖したと考えられているのだ。

ごく小規模だが、もっとはっきりした自然繁殖の記録がある。北海道根室市の南東にあるユルリ島。周囲八キロメートル足らずの小さな島だが、一九五〇年代、コンブを運ぶため、漁師が連れてきた馬がいつのまにか増えて、半野生の馬のいる島として知られるようになる。馬には所有者がいて、一部、販売もされているので、純粋な意味で再野生化した馬とはいえないものの、馬たちは放任状態のまま世代を重ね、最も多い時期には三十頭くらいの馬が暮らしていた。年長の雌馬がリーダーとなって群を統率する半野生馬の生態が、木村李花子氏の『野生馬を追う』で報告されている。

木村氏の調査によると、ほとんどの草が枯れてしまう冬の間、馬たちは主にミヤコザサを食べている。雪が積もっても足で雪かきをして、ササの葉を見つけることができる。ミヤコザサの、周囲が白く縁取られたような葉は野山でよく見かけるが、北海道や東北では太平洋側に分布しており、馬産地と重なっている。

江戸時代の旅行家、菅江真澄が残した日記には、青森県の下北半島で、エサが少なくなる冬期、馬たちは海岸に流れつくワカメ、ホンダワラなどの海草を食べているという記述がある。北方で生きる馬にとって、海草も貴重な食べ物だったことがわかる（『菅江真澄遊覧記3』）。

馬が北海道で自然繁殖したのは確実だ。東北についてもその可能性は高い。そうであるならば、九州や関東でも自然繁殖が起きていたのではないかという連想が生じる。「馬は家畜動物である。だから、人間が飼育しなければ生きていけない」。現代社会に暮らす私たちはそうした先入観を持ちがちだが、良好な草原の環境さえあれば、馬たちは野生の状態で生き延び、個体数を増やすことができる。北海道の馬だけでなく、宮崎県の「半野生の馬」である御崎馬の事例によってもそれは明らかだ。家畜動物と野生動物の境界線は、私たちの常識に反して、必ずしも明瞭には引かれていないのだ。

飼育技術、調教技術についても似た要素がある。朝鮮半島から馬とともに、専門的な技術が入ってきたことで、日本の騎馬文化は定着したとされている。しかし、蝦夷も平原インディアンも、そうした〝マニュアル〟など抜きに、馬を繁殖させ、おおらかに馬を乗りこなしていたように見える。古代の専門技術に対する過度の評価も、現代人に特有の心理かもしれない。

五世紀以降、日本列島で馬が増えてゆくとき、渡来系の専門家の指導によって各地に牧が設定されたといわれている。確かにその通りだろう。しかし、そうした公式ルートとは別に、牧から離れた馬たちが草原で自然繁殖し、人間の思惑を超えて生息圏を広げた可能性があるのではないだろうか。

爆発的ともいわれる馬の普及スピードの一因として、そのような非公式ルートによる馬の拡大を考えてみたい。それを可能とする草原の連続的な広がりが、日本列島とくに関東から東北にかけて存在したことは、黒ボク土の分布からも確実であるからだ。日本の馬の特徴として、しばしば指摘される荒々しさ、たくましさ。その根元は「野生の時代」の記憶に結びつくかもしれない。

苦戦する河内源氏

東北北部の馬産地についての史料は奈良時代から見えてくるが、平安時代になると、当地を訪れたこともない都の貴族が、和歌の題材とするようになる。公家、武家を問わず当時の支配層のあいだでは、東北北部が国内最大にして、最良の馬産地であることが常識化しているのだ。

ここで注目すべきことは、第一章で取り上げた河内源氏の東北北部への進出である。河内源氏の二代目の源頼義と跡継ぎの義家が、この地でくりひろげられた戦争の一方の主役として登場する。前九年の役（一〇五一～一〇六二年）である。平安時代の東北を舞台としたNHK大河ドラマ『炎立《ほむらた》つ』では、源頼義を佐藤慶、息子の義家を佐藤浩市が演じていた。

軍記物語「陸奥話記」によると、前九年の役が始まる前、安倍一族の族長（頼時）は、源頼義を丁重に接待し、「駿馬金宝」、すなわち優良な馬と金の宝物を、頼義だけでなくその配下の者たちにも進呈したという。ブランド的な価値をもった「糠部《ぬかのぶ》の駿馬」は、貴重な贈答品でもあったのだ。

平安時代半ば、東北北部は形のうえでは朝廷の領域にあり、中央から赴任してきた地方役所の長官（陸奥守《むつのかみ》）が統治していた。しかし、陸奥国の一部では在地の豪族、安倍一族が実質的な支配権をもち、収税もままならないという状況であったと「陸奥話記」は記している。そこで武門としての名声が高く、安倍一族に睨《にら》みのきく源頼義が陸奥守として赴任した。しばらくは平穏だったが、その任期の最後近くになって戦闘が始まる。

安倍一族の出自については諸説あるが、「陸奥話記」には「東夷の酋長なり」とあるので、従来は蝦夷説が多かった。近年は都あるいは関東の下流軍事貴族の子孫が土着して豪族化したという説が目立つ。そうだとしても、騎馬の能力に長けた蝦夷を味方につけ、軍事力の根幹としていたと考えられる。

朝廷の切り札のように河内源氏が出馬しておきながら、圧倒的な武力と武技で、東北北部の在地勢力を粉砕するという状況は出現しない。戦いは膠着し、十年以上に及んでしまう。力関係が接近していた何よりの証拠だ。

前九年の役の中盤、源頼義が勝敗を決すべく千八百人を動員して総攻撃をかけたとき、安倍一族はそれを上回る四千人で対抗、朝廷側の頼義軍は完敗した。「死者数百人」と「陸奥話記」は記している。しかも、頼義、義家の親子はわずか五人の騎馬武者とともに、安倍軍に包囲され、絶体絶命の危機に陥るのだ。この五人のなかに、第一章で触れた坂門《さかと》牧（推定地は大阪府柏原市）を拠点とする藤原則明《のりあきら》がみえる。頼義軍の中核が河内の武士団であることをうかがわせる（元木泰雄『河内源氏』）。

安倍軍に包囲されたとき、息子の義家が鬼神のような弓矢の技で敵兵を次々に倒し、危機を脱した——という武士の歴史のうえでその後、語りつがれる武勇伝を残しているが、この戦いが長く記憶されることになったのは歴史的敗北であったからだ。中央政府に属する正規軍が、辺境の民の騎馬部隊に歴史的敗北を喫するという構図は、前述のリトルビッグホーンの戦いとそっくりだ。蝦夷、平原インディアンが本来は狩猟民であったこと、彼らの乗っている馬が色濃く野性味を帯びていることも共通点だ。

安倍一族そして実質的にはその後継者である奥州藤原氏が政治の拠点としている陸奥国の奥六郡は、岩手県西部の穀倉地帯であり、馬産地である糠部郡はそこと接し、その北方に広がっていた。大まかにいえば、岩手県盛岡市より北側である。

「陸奥話記」には、源頼義が「鉋屋《かんなや》、仁土呂志《にとろし》、宇曾利《うそり》」の地域に住む蝦夷を寝返らせ、戦局を優位にもちこんだので、安倍一族の族長（頼時）が自ら説得に向かうという場面がある。宇曾利は青森県の下北半島にあったとされる。源氏、安倍氏の両方が、北方の蝦夷を味方につけようと必死になっているのは、そこが馬の供給地であったためだと思われる。

「今昔物語」（巻三十一）に出ているもうひとつの説話は一層、物語めいた内容だ。安倍一族は朝廷軍に攻め立てられ、勝ち目がないと絶望し、船に乗って逃げるのだが、たどり着いた広大な土地で、ものすごい数の異形の騎馬軍団がいるのを目撃し、恐ろしくなって引き返したというちょっと情けない話だ。

この説話の舞台を北海道に求める論者もかつてはいたが、古代の北海道に馬が存在しなかったことは、ほぼ確実になっている。したがって、説話に史実的な背景があるとすれば、下北半島の馬産地としか考えられない。下北半島は古くからの馬産地で、江戸時代には、南部藩の藩営牧場（奥戸野牧《おこつぺの》、大間野牧）があった。

奥州藤原氏の滅亡と鎌倉幕府

ここまで古代における地域繁栄のありさまを巨大古墳、国宝馬具を手掛かりとして考えてきたが、古墳時代が終わったあと、権威や財力を誇示するシンボルは、仏教寺院などの巨大建造物に変わった。法隆寺、東大寺はその代表格だ。国宝の寺院、仏像は数が多すぎるから、「世界遺産」を地域繁栄の指標として使ってみると、岩手県平泉町の中尊寺と毛越寺《もうつうじ》がもっている特別の存在感に気づく。都のあった奈良、京都以外の世界遺産で、寺院そのものの評価によって世界遺産に登録されている希少な事例であるからだ。武士政権が置かれた鎌倉、江戸にさえ、世界遺産の建造物はない。想像を絶する経済的繁栄が東北北部にあったのだ。

平泉の中尊寺金色堂。黄金の蕩尽をきわめたような輝きは、東北の砂金産地とともに知られているが、司馬遼太郎氏は、「中尊寺の金色堂で象徴されるような異常な繁栄をみせるのは、砂金が大いに出たということもあるが、牧畜による力のほうが大きかった」と、馬産地としての経済力のほうを高く評価している（「陸奥のみち」『街道をゆく3』）。
馬が希少価値をもっていた古代、巨大な富が各地の馬産地にもたらされた。平泉の繁栄はそうした歴史の最後の実例である。

中尊寺の近くの毛越寺は現在、寺の跡しか残っていないが、「吾妻鏡」には、金銀をちりばめた金堂、千手堂などのようすが描かれている。この寺の造営に際して、仏師への謝礼として、黄金、鷲の羽などと並んで、「糠部の俊馬五十疋《ひき》」が提供されている。奥州藤原氏の居館近くには宝物の蔵があった。象牙の笛、水牛の角、金の沓《くつ》、金の花鬘《けまん》、瑠璃の燈爐《とうろ》、紺瑠璃《こんるり》等の笏《しゃく》。海外の宝物が山を成し、途方もない好景気の気配を漂わせている。

平安時代末期のこのころ、源頼朝の東国勢と平氏率いる西国勢が対峙していたが、そこに東北の藤原氏が第三勢力として存在した。すでに平家軍が滅亡したあとの文治五年（一一八九年）のことだが、関東の武士を中核とする源頼朝の軍勢が東北に攻め入った。奥州藤原氏を滅亡においこんだ「奥州合戦」である。

この合戦の経緯をみると、福島県に防衛ラインを設定した奥州藤原氏が、緒戦で敗れたあと、戦線を立て直すことができず、当主の藤原泰衡は本拠地の平泉を焼き払い、捲土重来を期して北の地を目指す。途中、配下に殺害され、奥州藤原氏の歴史は終わった。

奈良時代の末、蝦夷の反乱が政治問題となって以降、蝦夷、安倍氏、藤原氏、それぞれに性格は異なるとはいえ、朝廷とは距離をおいた政治勢力が東北北部に根を張っていた。「三十八年戦争」で先送りされた東北北部の完全な支配という問題が解決するのは、奥州藤原氏の滅亡によるのだから、誇張して言えば、四百年に及ぶ戦いであった。しかも、奥州藤原氏の滅亡によって、東北北部が朝廷の完全なる支配領域になったとは言えない。東北の新たな支配者は朝廷ではなく、鎌倉の武士政権だった。

頼朝の勝利は、国内最大の馬産地の領有権が鎌倉の武士政権に帰属したことを意味している。その後、鎌倉幕府の実権を北条氏が持つことになるが、東北北部の馬産地の支配にかかわる糠部郡の地頭職は北条氏のトップ（得宗）の利権となり、鎌倉幕府の滅亡後はいち早く、足利尊氏がこの座を得たことが注目されている（入間田宣夫「糠部の駿馬」『馬と日本史2』所収）。

奥州藤原氏と関係して、源義経について述べておきたい。兄の頼朝と決裂したあと、義経は奥州藤原氏のもとに身を寄せており、それが「奥州合戦」の名目的な開戦理由となっている。義経は少年期にも、奥州藤原氏の保護をうけ、この地に住んでいた。

頼朝、義経兄弟の父親である源義朝が「平治の乱」の戦いで敗れたあと、幼い義経は母親の常葉《ときわ》（常盤）御前《ごぜん》に連れられて、「大和国宇陀郡竜門の牧」に行き、身を潜めていたと軍記文学「平治物語」は記している。常葉御前の伯父がいたからだという。

「竜門の牧」の詳細は不明だが、現在の地図のうえでは、奈良県宇陀《うだ》市で吉野町との隣接地に「牧」という地名があり、その近くには奈良時代の「万葉集」でも詠われている天皇家の狩猟地の伝承がある。宇陀市から曾爾《そに》村にかけては、二上山と同じ千五百万年前の太古の火山活動による火砕流の痕跡地で、火山に由来する朱（辰砂）の国内最大の鉱床のあるところだ。奈良盆地では火山的地質の目立つ場所のひとつである。

義経には馬にまつわる有名な逸話がある。神戸市の一ノ谷での合戦のとき、鹿が通れる坂ならば馬でも通れるはずだと急斜面をものともせず、騎馬兵士を率いて駆け下りたという「鵯越え《ひよどりごえ》」の伝説である。世に言う「坂落とし（逆落とし）」だ。

「平家物語」のこの場面、義経は軍記文学のヒーローにふさわしい躍動をもって描かれている。「駆け下れ。義経を手本にせよ」。そう言いながら、先頭をきって、馬に乗って急斜面を駆け下りる義経。側近の三十騎がそれに続き、やがて三千騎が合流して、平家軍に殺到している。

この逸話については荒唐無稽のフィクションという否定論が根強いが、「馬の博物館」

副館長の末崎真澄氏に話をうかがったとき、「東北の馬産地で、斜面に強い馬を選別して飼育していた可能性はあるのではないか」と、義経が乗っていた馬そのものの能力に注目する解釈を聞いた。木曾馬、対馬馬など日本の在来馬のなかには、後脚がX字に見える馬がいる。走行には悪い影響があるが、踏ん張りがきくので傾斜地や悪路での歩行には適しているらしい。

日本の馬が傾斜地に強い実例として、末崎氏が話してくれたのは、一九八〇年、南部馬の血をひく北海道和種（道産子）五十数頭で、富士山の頂上まで登ったときのことだ。「ふだん、十分な運動をさせていない馬もいたのに、五合目から頂上まで、成人男性を乗せて、五十頭そろって、五時間ほどで富士山を登り切りました。日本の在来馬は、去勢したあとでさえ、荒々しさが抜けずに、調教が難しいのですが、潜在的な身体能力は相当に高いと感じました」（生き物文化誌学会『ビオストーリー』Vol.21に関連記事）

「平家物語」には虚実が混交していて私たちを惑わせるが、義経が「竜門の牧」や奥州藤原氏のもとで過ごした時間、そして斜面に強いという日本の馬の特性を考慮すれば、「鵯越え」の伝説には、簡単に見過ごせない貴重な情報がふくまれている。義経が卓越した馬の乗り手であるとともに、馬の能力を知りつくした名指揮官だった可能性は十分にあるはずだ。

蝦夷――武士の源流としての〝縄文人〟

鎌倉幕府を樹立した源頼朝以来、征夷大将軍は武士の世界の最高権力者を示す称号となり、室町幕府、江戸幕府に継承される。江戸時代の征夷大将軍は、実質的に日本列島の統治者だった。中国語における「夷」とは、東方の未開世界に住む野蛮人のことだが、日本史のうえでは北方世界の住民、蝦夷を意味する。なぜ、北方の地の異族めいた人たちを鎮圧するにすぎない職制が、実質的な国家統治者を示す権威ある地位に転じたのか。ここにも武士の歴史をめぐるひとつの謎がある。

ひと昔まえには、古代東北に見える蝦夷とはアイヌ系の人たちであるという説があったが、現在、この説は否定されている。じつはこの論争史、「馬の日本史」とも大いに関係のあることなのだ。

蝦夷社会が馬と深くかかわっていたこと。古代、中世期の北海道に馬が生息していなかったこと。馬を意味する固有のアイヌ語が存在しないこと。こうした事実によって、古代史にみえる蝦夷という人たちは、アイヌ人の先祖とは言いがたいという説が有力になった。

それでは、蝦夷とはいかなる人たちなのか。現代の知見においては、風土的条件によって、水田稲作に順応せず、「続縄文文化」のライフスタイルを採用した人たち――というあたりに答えがありそうだ。あえて遺伝的特徴をいうなら、縄文的形質の目立つ日本人ということになる。

蝦夷、安倍氏、奥州藤原氏。東北北部を支配したこれらの人たちの記録をみると、時代を経るに従い、蝦夷性が薄れていることがわかる。それは、彼らをとりまく環境から、「続縄文文化」の要素が消えてゆく過程であったと考えられる。

蝦夷が日本史のなかで、有能な騎馬戦士として出現する理由は二つある。一つは蝦夷の居住地だった東北北部には広大な原野があり、そこは馬の繁殖には望ましい環境だったこと。もう一つの理由はそれと裏表の関係にあるが、蝦夷はその草原に生きる鹿や鳥を追い、弓矢で仕留める狩猟民――「続縄文人」の直系子孫だったことだ。蝦夷の騎馬戦士とは、馬に乗った縄文人の子孫であり、その弓馬の技能によって、武士の歴史の源流のひとつとなった。

蝦夷の異民族性を低く見積もるのが、近年の研究の傾向のようだが、それが正しいとしても謎は残る。蝦夷という漢字に重ねられたエミシという古語が、何を意味するのかという問題だ。

エミシという言葉が辺境の民を侮辱する言葉ではないことは、当時の貴族にエミシを名乗る人がいることからも明らかだ。奈良の飛鳥に都があったとき、政界の最高実力者であった蘇我蝦夷《そがのえみし》（父親は蘇我馬子）。遣隋使として有名な小野妹子の子、小野毛人《えみし》。佐伯今蝦夷《いまえみし》（今毛人）は参議にもなった高位の貴族である。小野氏も、佐伯氏も武人としての一面をもつ一族だ。

「日本書紀」がしるす神武天皇の東征伝説は、九州南部から奈良盆地を目指した戦いの最終盤、奈良の在地豪族を相手に戦う神武天皇が、配下を励ますように、詠み上げた歌を載せている。『新編日本古典文学全集・日本書紀』の現代語訳とあわせて引いてみる。

蝦夷を　一人《ひだり》　百《もも》な人　人は云へども　手向《たむ》かいもせず（蝦夷を一騎当千の兵《つわもの》だと人は言うけれど、我らには全然手向いもしないぞ）

ここに見える蝦夷は、東北地方の住民とは無関係であり、強力な武人を意味しているとしか読めない。

隼人と戦った大伴旅人

蝦夷について述べたのと、ほぼ同じことが九州南部の蛮族として記録されている隼人《はやと》についても言える。戦後昭和期になっても、隼人を日本人とは民族を異にするポリネシア系の人たちとする言説があったが、九州南部だけに特有のDNAのデータは見つかっていない。こちらも縄文的形質が多少、目につくという程度の話だ。

蝦夷の背景に東北北部の原野があったのと同じく、隼人の居住地である九州南部には、火山に由来する草原や台地が広がっていた。ともに古代からの馬産地である。

『日本書紀』には、九州南部の反乱をめぐる記述が散見されるが、最後の大規模な反乱は、養老四年(七二〇年)に起きた。隼人の蜂起によって、大隅国《おおすみのくに》(鹿児島県東部)の国守らが殺害され、その後、大勢の隼人が城に立て籠もった。

大伴旅人《おおとものたびと》は、『万葉集』の編纂者とされる大伴家持《やかもち》の父親で、高名な歌人だが、令和の年号とともにさらに有名人になった。大伴旅人はこの反乱のとき、「征隼人持節大将軍」に任命され、隼人鎮圧のため、奈良の都から九州南部に派遣されている。「征夷」ならぬ「征隼人」のための大将軍。日本列島の南と北の果てで、同じ構図の戦いがくりかえされている。大伴旅人が九州の政庁である大宰府の長官となり、令和の由来となる梅の宴が開かれるのは、その少しあとだから、隼人の反乱事件の事後処理と関係しているのかもしれない。

九州南部は水田稲作にはまったく向いていないが、縄文時代には、西日本で最も狩猟採集文化が栄えた土地である。隼人とは、九州南部で縄文的なライフスタイルを維持していた人たちと見なすことができる。九州南部の馬文化と狩猟民の弓矢の能力がむすびついたところに、隼人という戦闘能力の高い集団が発生し、朝廷権力との抗争がつづけられたのではないだろうか。

奈良時代に編纂された「肥前国風土記」は、長崎県の五島列島の一部の住民について、「容貌は隼人に似て、恒に騎射を好み、その言葉、俗人と異なり」と説明している。隼人について、馬上で弓矢を巧みにあやつる人たちであるという認識があったようにも読める文面だ。五島は九州の馬産地のひとつであり、その後、倭寇と呼ばれた海賊集団の拠点地にもなった。

倭寇は「馬に乗った海賊」だった

東北の古代史で素通りできない問題は、肥前国（長崎県、佐賀県）の松浦地方との関係だ。安倍一族は前九年の役の敗戦とともに滅亡するが、江戸時代の学者で幕府高官でもあった新井白石の著作『藩翰譜《はんかんふ》』によると、安倍一族のうち、宗任《むねとう》は降伏したので死罪を免れ、肥前国の松浦郡に流された。その子孫が平戸の大名家である松浦《まつら》氏であるというのだ。史実としての保証はまったくない話だが、似たような所伝はほかの文献にも見える。

伝承めいた話ではあるが、なぜ、松浦地方と東北が結びつくのだろうか。「松浦の人たちは東北の良馬を半島や大陸に輸出する貿易者だったのかもしれない」という可能性が生じるのは、肥前国の松浦地方も規模は小さくても、古代からの馬産地だったからだ。「延喜式」には肥前国に六か所の朝廷の牧があったと記録されているが、平戸をはじめとする松浦地方の各地が候補になっている。松浦地方はリアス式海岸の複雑な地形で、小さな半島や島が点在しているため、そうした場所が牧になったと考えられている。東北の馬を輸出するための、中継基地としての牧には申し分のない場所だ。

マツラは「魏志倭人伝」にも見える地名で、肥前国の沿岸部と平戸や五島列島の一部をふくむ。この地域に点在していたいくつかの武士の集団が、松浦党と呼ばれる海洋的な武士団である。

松浦地方の沿岸部は、対馬、五島などの離島とともに、倭寇の発生地とされている。倭寇とは、一三世紀から一六世紀にかけて、朝鮮半島、中国南部を襲った海賊集団だ。倭寇はこの地の武士団である松浦党の人脈とも重なり、さらに貿易商人の一面ももっていた。

倭寇について興味深いことは、「最盛時の倭寇は三〇〇—五〇〇艘の船団、千数百の騎馬隊、数千の歩卒を擁した大集団で行動していた」といい、相当の騎馬部隊としての記録が残っていることだ（田中健夫「倭寇と東アジア通交圏」『日本の社会史 1』所収）。

これほどの馬を船で輸送するのは容易ではないので、騎馬部隊をもつ倭寇の主力は朝鮮最大の馬産地である済州島の人たちだという説がある。そういう要素があるとしても、倭寇の拠点である松浦地方、対馬、五島は、歴史のある馬産地だ。倭寇が騎馬武装していたことについての矛盾はない。

想像をたくましくすれば、倭寇は非公式の貿易ルートによって、馬を朝鮮半島や中国に輸出しており、うまく売れないとき、馬に乗って大暴れしたということなのかもしれない。第二章で取り上げた御崎馬のいる宮崎県串間市が、倭寇の母港のひとつであることもそう考える根拠である（安藤保、大賀郁夫編『高千穂と日向街道』）。倭寇の犯罪的行為を弁護するつもりはまったくないのだが、朝鮮王朝がその取り締まりに手を焼いている背景には、二つの国の馬の生産力の違いがあるといえる。

南部馬と南部氏

「糠部《ぬかのぶ》の駿馬」と称された東北北部の馬は、その後、「南部馬」と呼ばれるようになる。岩手県北部から青森県の太平洋側を支配した南部氏に由来するが、大名の名字が馬のブランドとなっている珍しい事例だ。

南部の名字は、甲斐国巨摩郡南部郷（山梨県南部町）に発祥する。系譜のうえでは、南部氏は河内源氏二代目の頼義の三男義光を先祖とする甲斐源氏の一族だ。武田信玄の武田氏とは血縁関係にある。系図や血縁については疑い出せばきりがないが、河内地方にルーツをもつ河内源氏の一派が、甲斐国を経由して、国内最大の馬産地である東北北部に進出した——という大きな流れを読み取ることはできる。

南部氏が江戸幕府に提出した系図によると、源頼朝が奥州藤原氏を滅ぼした奥州合戦のとき、南部氏も従軍し、手柄をあげたので、東北北部に所領を賜ったという話になっている。近年の研究では、北条氏が幕府の実権を得たあと、その代官のような資格で東北北部

再現された南部氏の根城

に関与することになったと見られている。このように南部氏の歴史的背景は明瞭ではないが、甲斐国にいる時から飯野牧（山梨県身延町《みのぶちょう》など）を支配し、馬の飼育に関与していたと見る論者が多いようだ。

南部氏が表舞台に出てくるのは、鎌倉幕府が滅亡したあとの南北朝の動乱期だ。南部氏の歴史のうえでは南部師行《もろゆき》のときで、青森県八戸市に根城《ねじょう》を築いて、南朝方の有力武将として活躍した。根城は馬淵川《まべちがわ》のそばにある中世の平城。馬淵川は岩手県北部の北上山地に源を発し、青森県に下流域をもつが、川の名そのものが馬とのかかわりを示唆している。城跡には本丸の館だけでなく、鍛冶工房や馬屋などの付属的な建物まで、発掘成果にもとづきリアルに再現されている。

後醍醐天皇の皇子をトップにすえて、東北にミニ幕府のような組織がつくられたとき、南部師行も甲斐国（山梨県）から東北北部に赴いたと伝わっている。南部師行の奮闘によって、根城を拠点とする南朝勢力は東北北部で一定の勢力を維持していた。南北朝が争っていた時期、足利尊氏を盟主とする京都の政権（北朝）に圧倒されながらも、吉野の政権（南朝）が意外なほどの抵抗を続けることができたのは、南部氏が国内最大の馬産地を押さえていたことも一因だろう。江戸時代、南部氏は岩手県の盛岡を城下町として十万石の大名となる。まもなく二万石を分けて、南部氏の八戸藩が成立した。

南部藩（盛岡藩）の牧の多くは青森県にあった。盛岡藩、八戸藩を併せた南部地方には、民間の牧をあわせて約十万頭の馬が飼育されていた（『新編　八戸市史　通史編2』）。江戸時代の南部馬には二つの種類があり、藩営牧場で飼育されているものを「野馬《のま》」、それ以外の農家などで飼育されているものを「里馬《さとうま》」と呼んで区別している。

野馬飼いの方法は、九州南部など他の産地と同様、放し飼いで自然の草を食べさせていたが、降雪量の多い牧では冬の間だけ農家の馬屋に預けられている。太平洋に面して、降雪量の少ない牧では、完全な通年放牧ができたといい、それ以外の牧についても、常緑樹を植えるなどして、通年放牧を目指す試みが続いている。冬の間の馬屋飼いは経費がかさむからだが、通年放牧のほうが良い馬、強い馬が育つという信念もあったようだ。

江戸時代の旅行家、菅江真澄は下北半島に長期滞在しており、民間の馬牧についても記録している。地元民の話によると、馬たちは草の豊富な場所を求めて、自分たちで移動しており、後追いの形で、牧の敷地が設定されることもあったようだ。東北北部の牧は、大らかだった様子がわかる（『菅江真澄遊覧記3』）。

江戸時代中期の明和六年（一七六九年）の記録によると、南部藩（盛岡藩）が管理する九か所の野馬牧場には合計千五十三頭が飼育されている。各牧にいる生殖能力のある雄馬はだいたい一頭、多くて二頭なので、優良な雄馬を選別して、良い馬を増やそうとしていたのだろう。野馬飼いというと、粗放な飼育という面が強調されがちだが、南部藩の野馬牧場では、かなり生殖を管理していたようだ。

下北半島の会津藩

東北北部の馬産地には、明治維新にまつわる悲壮なエピソードもある。幕末の成り行きによって、薩長の新政府軍の矢面に立つことになった福島県の会津藩。戊辰戦争の敗戦により、旧来の所領をすべて没収され、藩士およびその家族が強制移住させられたのは下北半島だった。これが斗南藩《となみ》（三万石）である。

会津藩士とその家族はこの地を開墾し、食糧を確保するところから藩としての再スタートをきるのだが、それは失敗つづきの苦悶の歴史として記録されている。それもそのはず、寒冷であるうえ、濃厚な黒ボク地帯であるこの地でコメをつくることなど、武士たちの素人農業ではどだい無理な話。耐えかねた多くの藩士が青森を離れているが、家老に次ぐクラスの幹部だった広沢安任《ひろさわやすとう》は牧場経営を藩経済の柱にすることを思いつき、実行に移している。試行錯誤の末、現在の青森県三沢市に日本初の西洋式牧場を開き、馬の歴史にひとつのエポックをしるした。

斗南藩の藩役所、藩士の居住地のあったエリアは史跡になって説明パネルが立てられているが、神社、墓地のほか、ゆかりのものは見えない。土は真っ黒で、歩くたびに体重で靴が土に沈んでしまう感触があるほど、フワフワした土だ。きわめつきの黒ボク土である。

斗南藩史跡から西に一三キロメートルほどの所に、仏教霊場として名高い恐山《おそれざん》がある。恐山は気象庁が監視対象としている活火山のひとつ。硫黄が目立つ黄色い岩から噴気の漂うこの世ならぬ風景が恐山の地名と似合いすぎているが、宇曾利《うそり》の地名がオソレに転じたといわれている。前述のとおり宇曾利は、「前九年の役」のとき、源頼義、安倍氏が味方につけようと争った蝦夷のいた所だ。

恐山というと、イタコの「口寄せ」の印象が強烈だが、平安時代からの仏教霊場であり、現在も曹洞宗の寺院によって管理されている。

「風の国」としての日本

私が斗南藩の史跡を訪れたのは、半ば偶然だった。下北半島の北東部突端にある尻屋崎（青森県下北郡東通村）に、江戸時代さながら、自然放牧されている野飼いの馬を訪ねたとき、同じバス路線だったので帰りに寄ってみたのだ。

その日は宿泊地だった八戸市から電車で北を目指した。下北半島に入ると、空気は一変し、原野と針葉樹林がまざった風景が続く。車窓からは、風力発電のメタリックな風車が立ち並ぶ風景が見え、強風の地であることを教えてくれた。下北駅から出ている恐山行きのバスを途中で乗り換え、終点の尻屋崎に到着したのは、八戸駅を出発してから三時間以上経った午前十時半近く。下北半島の東の北端、六・七平方キロメートルの原野が、馬の放牧地になっている。

宮崎県の御崎馬と同じく自然放牧なので、訪ねていっても必ず馬と会える保証はない。

下北半島で放牧されている寒立馬

地元自治体の担当者によると、白い灯台のある岬の先端に群れていることが多いが、林の中や海岸線にいることもあるそうだ。放牧地での見学ができる期間は四月から十一月まで。放牧地
馬の放牧地のすぐ近くに、日鉄鉱業、三菱マテリアルの事業所があり、石灰岩の採掘、セメント製造などが営まれている。石灰岩の大地は草原を形成することを、埼玉県秩父地方についてのくだりで述べたが、ここでは馬の放牧地と石灰岩産地が重なっている。古代、中世の馬牧の立地を考えるうえで、セメント(石灰岩)産地が要注意であることを再確認できた。

岬の突端が馬たちのお気に入りであるのは、海からの風が最も強く吹く場所だからだ。海

風は馬にまとわりつくアブ、ハエを追い払ってくれる。私が訪れた日は、快晴だったが、台風の接近時のような強い風が吹きつづけていた。馬たちにとって心地よい風は、農作物を痛めつける忌々しい風でもある。農業にとっては過酷な環境だ。

四方を海に囲まれ、山や谷が複雑な地形を作る日本列島は、局所的な強風地の多い「風の国」でもあると、気象学者の吉野正敏氏は著書『風の世界』で述べている。鯉のぼり、たこ揚げ、風車《かざぐるま》。そうした風にまつわる伝統行事や子供の遊びが多いのも、「風の国」ならではの光景だ。恐山の霊場は水子供養の空間でもあるが、硫黄をふくんだ黄色い岩地に水子地蔵が置かれ、花の代わりに手向けられたおびただしい数の赤い風車がカサカサと音をたてつづけていた。

そういえば、宮崎県の都井岬でもたえず海風が吹いていたし、群馬県も「カカア天下とからっ風」の土地柄だ。大阪・河内地方の花園ラグビー場（東大阪市）といえば、生駒山から吹いてくる「生駒颪《いこまおろし》」。毎年、冬に開催される全国高校ラグビー大会では、勝敗を左右するほどの強風がしばしば話題となる。

馬にとって快適な環境とはいえない高温多湿の日本。それにもかかわらず、東アジアでは有数の馬産地を形成した原因として、風の強い地域が多いという気象条件を加えることができる。強い風は馬の天敵であるアブやハエを追い払い、涼しさを提供するだけでなく、樹木の成育を妨げて、草原化を促す。海岸エリアに多い、「風衝草原《ふうしょうそうげん》」だ。下北半島にあるこの放牧地は、そうした風がつくりだした草原でもある。

失われた日本の名馬

尻屋崎に放牧されている三十頭くらいの馬たちはその生息地とともに青森県の天然記念物に指定され、「寒立馬《かんだちめ》」の愛称で知られている。私がこのとき見たのは十頭足らずだが、白い馬がいたり、ゴールドのたて髪をもつ馬がいたりと外見はばらばらだ。

南部馬は体格、身体能力ともに優れていたので、明治時代以降、軍用馬とするための大型化が、官民をあげて進められた。欧米からもちこんだアングロノルマンなどの種馬《たねうま》による〝改良〟は、ほかの地域より徹底したものだった。大きな馬は農耕や運搬用の馬としても高く売れたため、民間向けの馬についても〝改良〟が進められ、純粋の南部馬が絶滅してしまった。江戸時代、薩摩藩で飼育されていた馬が消滅したのも同じ事情である。

現在、尻屋崎の放牧地にいる馬たちは、〝改良〟された南部馬の子孫が、さらにブルトン種などと交配された馬だ。ひとつの馬種としてのまとまりはなく、いわゆる雑種である。

お腹ポッチャリで、下半身はがっしり。そうした体形は日本の馬の特徴を保っているが、カラフルな毛並みをした馬が多く、良くいえばハーフ美人の雰囲気がある。青い海、白い灯台、風走る草原の中で暮らす西洋の風貌をもつ馬たち。風景は現実離れした美しさに満ち、ヨーロッパ映画の場面の中に迷いこんだような気分さえしてくる。

序章でとりあげた"Horses of the World"という本には、木曾馬、御崎馬をはじめとする日本在来馬が紹介されているが、そこに南部馬は見えない。この本の著者は、絶滅の危機にある在来馬の保護を呼びかけているが、その理由は、世界各地にそれぞれの地域の風土に適応した特色のある馬がいて、その地の人たちの営みと重なり合う歴史をもっているからだ。南部馬は東北北部の歴史の証人であるにとどまらず、武士の騎馬文化を理解するうえでも貴重な存在であったはずだ。そんな南部馬がもはや実在しないという事実に、暗澹たる思いをいだかざるをえない。

東京・上野動物園で、木曾馬、トカラ馬など在来馬の飼育が始まったのは二〇〇七年のことだ。これひとつを見ても、日本固有の馬を保護することに価値があると広く認められるようになったのが、ごく最近のことだとわかる。だから、南部馬を消滅させてしまった明治時代、大正時代の日本人を責めるのは酷なことだ。富国強兵の過酷な歴史のなかに、日本人と同様に馬たちも生きていたというにすぎない。馬という動物は、人の手を介した交配の積み重ねによって、さまざまな品種が生まれてきたのだから、南部馬の〝改良〟についてだけ、小言を並べ立てるのはフェアとは言えないこともわかっている。軍事史のうえでは、南部馬の〝改良〟は成功だったという評価さえあるのだ。

それを承知で残念なのは、南部馬が日本列島の馬を特徴づける野飼いの馬、すなち「野馬」の代表格であったからだ。東北北部の自然環境に適応し、朝廷や将軍家に届けられる最高品質の馬だった。蝦夷の時代にさかのぼる歴史を持ち、都人《みやこびと》の羨望の対象でもあった「糠部《ぬかのぶ》の駿馬」。その正統な子孫である南部馬。その栄光の歴史を生きた馬たちが元気に草原を駆ける風景は失われてしまった。私たちにできることは、下北半島の風のなかで暮らす馬たちに、南部馬の面影を探すことだけだ。

終章　将軍の牧を駆けぬけた野馬たち

武田騎馬部隊VS織田鉄砲隊

鎌倉幕府の滅亡後、南北朝時代の混乱期を経て、室町時代が始まる。室町幕府は京都を拠点としたが、西日本の武士が築いた政権ではない。将軍家である足利氏はもともと、栃木県足利市を拠点とする東国の武士だ。河内源氏の支流でもある。室町時代、全国各地を支配した守護大名にも足利氏の血縁者が多かった。室町幕府によって、朝廷の政治機構はさらに空洞化が進むのだから、室町時代は東国武士の勢力拡大期と評価できる。

関西に拠点を置いた武士政権は、足利氏のほか、織田信長、豊臣秀吉、平安時代にさかのぼれば平清盛のケースがある。京都を起点として東西を決めるなら、いずれも東に本来の拠点があった。信長、秀吉は尾張国（愛知県）の人、平清盛の一族は伊勢平氏といい、伊勢国を拠点として勢力を拡大した歴史をもつ。

日本の歴史のなかで西日本の武士が全国に支配を及ぼし、政権を樹立することはなかった。それに類似した事例を無理やり探しても、日向国にはじまる神武天皇の東征伝説、薩摩藩、長州藩を中心とする西国の軍隊が幕府を倒した明治維新しかない。明治維新をめぐる動乱期には、軍艦や近代的な大砲も出現していた。もはや馬は軍事力の決定要因ではなくなっていた。

室町幕府が求心力を失い、戦国時代に突入したあとも、軍事的な優位が東日本にあったのは明らかだ。北条早雲（伊勢宗瑞）にはじまり、武田信玄、上杉謙信、徳川家康、伊達政宗。私たちにお馴染みの戦国武将の勢力圏は東日本に偏っている。軍事力が水田稲作を柱とする農業生産力に比例するのなら、天下の情勢を左右する戦国武将が西日本にもっといてもいいはずだ。この時代の軍事力の決定要因としては、領国経営の手腕、海外との交易、金銀など鉱山の開発も見逃せないが、依然として馬は軍事力の根幹であった。その背景にあるのは、火山と黒ボク土の草原エリアである。九州では島津氏が最強の戦国大名であったことも、それを裏付けている。

戦国時代の末期、尾張国の織田信長が台頭し、またたくまに天下に号令する地位を得た。信長が鉄砲を取り入れたシステマティックな戦術を開発したことによって、従来の騎馬と弓矢の戦術が無力化された——という有名な説は、細部で史実との食い違いが指摘されているが、大きな歴史の流れを言い当てている。

鉄砲を最大限に活用する信長の戦術が発揮された舞台として、史上、名高い長篠合戦。天正三年（一五七五年）、三河国（愛知県東部）に進出してきた武田勝頼の軍を、織田信長、徳川家康の連合軍が迎え撃ったこの戦いのあと、武田氏は勢いを失い、やがて滅亡に至る。信長の家臣によって執筆され、史実性が高いとされる「信長公記《しんちょうこうき》」に、織田の鉄砲隊と武田の騎馬部隊のコントラストを描くこんな一文がある。

関東衆、馬上の巧者にて、是れ又、馬入るべき行《てだて》にて、推し太鼓を打ちて、懸かり来たる。（中略）鉄炮にて待ち請け、うたせられ候へば、過半打ち倒され、無人になりて、引き退く。

武田軍が騎馬戦術において卓越していたこと、信長軍は鉄砲隊によって迎え撃っていること、武田軍が壊滅的敗北を喫したこと。その三点が読み取れる情報量の多い文章だ。

現在、愛知県となっているエリアは、織田信長、豊臣秀吉、徳川家康の出身地である。平安時代以来、濃密な武士の歴史があるような印象を受けるが、実際は違っている。京都以外に地盤をもっている名門の武士（天皇家や藤原氏から派生したいわゆる軍事貴族）について言えば、美濃源氏、近江源氏、伊勢平氏が知られているが、尾張源氏、尾張平氏の活躍は聞かない。古代の記録や黒ボク土の分布から見ても、尾張国は馬産地の気配の乏しい地域だ。

「馬の日本史」における信長は、名だたる「名馬コレクター」である。各地の大名に献上させるだけでなく、甲斐の武田勝頼をはじめ、敗軍の将の愛馬を奪い取ることにも熱心だった。

天正九年（一五八一年）二月、信長は自慢の名馬をお披露目する軍事パレード「馬揃え」を、京都で挙行している。中国地方で毛利氏の勢力と戦っていた秀吉は不在だが、柴田勝家、明智光秀、前田利家などお馴染みの面々のほか、この翌年の本能寺の変のとき、信長とともに死亡する長男の信忠の姿も「馬揃え」のパレードのなかに見える。

馬には支配者がその権威を誇示する威信財としての一面があるが、「馬揃え」はその典型である。いかにも信長らしい豪華絢爛たるイベントだ。

馬一頭に苦労した若き日の豊臣秀吉

尾張出身のもうひとりの天下人、豊臣秀吉。茶の湯、能楽をめぐってはいくつもの伝説的逸話を残しているが、馬については淡泊だった印象がある。最も秀吉らしいエピソードを、「祖父物語」という江戸時代初頭に書かれた文献から紹介してみよう。

織田信長に仕えるようになってしばらくしたころ、秀吉はその働きぶりが評価され、この次、美濃国に出兵するときは馬に乗って良いと許される。秀吉は馬を持っていなかったので、母方の伯父である焼き物商人の家に行って、馬を貸してくれと頼んだ。ところが、この伯父は秀吉の武家奉公を快く思っていなかったようで、「お前のような者が親類にいるのは迷惑」と言って馬を貸そうとしない。それで、秀吉は姉の嫁ぎ先(義兄)から馬を借り、馬を引く従者もいなかったので、この人にその役回りをしてもらったという。この義兄はのちに豊臣家の二代目の関白となる豊臣秀次の父親。史実としての保証はない逸話だが、たぶんこんなことがあったのだろうなあと思わせる。少なくとも、馬に乗って戦陣に赴くことが、一人前の武将のステイタスだったことが実感できる。

一頭の馬を借りるのにも苦労した秀吉が、おびただしい数の馬を朝鮮半島に渡らせ、中国の明《みん》を巻き込んだ大戦争をくりひろげるのだから、急展開の人生だ。ごく短い期間とはいえ、秀吉軍が朝鮮半島の一部を軍事支配した理由については、①当時の日本は戦国時代で戦闘になれていた②大量の鉄砲が日本側にあった③朝鮮王朝は文人支配の政治で武人の地位が低かったことなどが指摘されているが、本稿の視点からは、朝鮮半島には馬が乏しかったという事情を加えることができる。

戦国時代における日本と朝鮮半島の馬の頭数はわからないが、序章で述べたとおり、近代の統計では、日本のほうが四十倍多いのだから、大まかな見当はつく。馬の保有数が軍事力の根幹であることは、この時代にも当てはまる。古代から近代に至るまで、日本が朝鮮半島に対して有していた軍事的な優位は、馬の保有数によって説明できる部分が多いのではないだろうか。

徳川家康の馬飼い理論

徳川家康は信長、秀吉と同じく、現在の愛知県の出身だ。しかし、信長、秀吉が名古屋市近辺（尾張国）で生まれ育ったのに対し、家康は岡崎市（三河国）の生まれで、豊田市の山あいにある松平郷《まつだいら》が一族発祥の地である。尾張国と三河国の風土の違いはよく話題になるが、尾張国に有名な馬産地はなく、三河国にはあった。三河馬（三州馬）という種類の馬がいて、馬市も開かれていたが、江戸時代の末期には衰退していたようだ。明治時代になって軍馬の育成がもてはやされたころ、馬産地の再興が図られている（堀江正臣編『三河馬盛衰記』）。

愛知県新城市《しんしろ》の山寺である鳳来寺《ほうらいじ》には、家康の母が祈願して、家康をさずかったという伝説がある。それによって江戸時代、手厚く保護されたが、奈良時代よりも前からの歴史を有している。この寺のある鳳来寺山は、千五百万年ほど前に活動した太古の火山としても知られる。河内源氏のルーツの地にある二上山と同じ時期に活動しており、「二上火山帯」の最も東にある死火山だ。三河国には火山的地質があり、馬産地の背景となっていることがわかる。

家康については、馬の飼育をめぐる逸話が伝わっている。京都の伏見にいたころだというので、秀吉の在世時かその死から間もないころ。家康の屋敷の馬屋はほかの大名のものに比べると、目立って貧相だった。その馬屋が破損したので、この際、立派な馬屋に建て直そうという話が家臣の間で持ち上がったのだが、家康は雨漏りを防ぎ、壁の崩れを補修するだけで良い、それ以外、手を付けるに及ばないと命じたのだ。そのときの家康の言葉はだいたいこんな内容だったと伝わっている。

「このあたりの大名屋敷の馬屋を見ると、実に清潔で、夏は蚊遣火をたき、冬は布団をきせ、大豆、糠をたくさん与えるから、よく太り、色つやも良い。そのような飼い方では、二、三日、野陣につなぐだけで、病気になってしまう。屋外とさして変わらないような、粗末な馬屋で飼っているわが家の馬とぜいたくな馬屋で飼っている馬、どちらが戦場で役に立つか考えてみるがよい」(『厩馬新論』/『徳川実紀』所収「東照宮御実紀附録巻二十」)

馬はもともとユーラシア大陸の乾燥地帯に適応した動物だ。雨の日が多く、季節ごとの温度差も大きい日本は、馬にとってけして快適な環境ではない。その自然環境に負けない、強い体質であることが、良い馬に求められる最初の条件である——。武士と馬の関係にとって最も大切なことをこの逸話は物語っている。教訓的な要素もあり、史実かどうかはわからないが、家康がこうした考えを持っていたことは十分にありうることだ。

南部氏が協力した秘密プロジェクト?

当時の武士の社会で理想とされたのは、東北北部の南部馬だった。体格の良さに加え、粗食に耐え、戦陣での持久力にも優れていたからだ。家康が目指していたのは、南部馬に匹敵する強健な馬を輩出する牧場を、自分の領国に作ることだったのではないか。その背景をうかがわせる断片的な史料がある。

関ヶ原の合戦から十年が過ぎた慶長十五年（一六一〇年）三月。家康は将軍職を息子の秀忠に譲り、隠居身分になりながらも、なお大きな実権を持ち続けていた。大御所と呼ばれた時期だ。東北北部の大名、南部利直が、家康の隠居の地である静岡市の駿府《すんぷ》城を訪れている。利直は当時、三十代半ばの若き大名。駿府に長期滞在し、何回も家康と面会していた様子が、「しばしば召れて、鷹、馬の事など御物語あり」と、幕府編纂の史書「徳川実紀」に記録されている。

いったい、二人は「馬」について何を語り合ったのか。その背景を推察できる情報が、「寛政重修諸家譜《かんせいちょうしゅうしょかふ》」所収の南部氏の系図に出ている。

慶長二年（一五九七年）だから、豊臣秀吉の最晩年。南部利直の父信直が、家康をはじめとする他の大名衆とともに、朝鮮出兵の前線基地である名護屋城（佐賀県）に在陣中のことだ。このとき、徳川家の側から馬、鷹にかんする諸々のことを依頼され、それ以降、両家の間で手紙のやりとりが頻繁だったというのだ。親密な交流は二代将軍秀忠と南部利直の代にも継承されている。南部藩の家臣たちまで、「御馬の事」で貢献してくれた礼として、将軍秀忠から馬の鞍、鐙などを賜っている。

南部氏の領国に産する良馬を求めるだけだとしたら、ここまで濃密なやりとりが行われることはなかったのではないか。いくつかの状況証拠が指し示していることは、千葉県にある広大な原野を利用して、「野馬牧場」を開設するにあたり、南部氏が全面的に協力したということなのだと思う。繁殖のベースとなる優れた馬の提供、南部氏の藩営牧場で実践している「野馬飼い」や調教のノウハウの指導などが考えられる。牧の場所の選定についても、南部家臣団の専門家がかかわっていると考える研究者もいる。

馬とはまず、軍事にかかわる存在である。鉄砲の出現で、軍事的な価値が低下しているとはいっても、軍事力の根幹であることに違いはない。この時期の天下人は豊臣秀吉。千葉県の広大な原野を使って、軍馬として定評のある「野馬」の牧場を作る計画があり、そこに馬の専門家集団である南部氏が協力していたとすると、非常に微妙な政治問題だ。

幕府直営の馬牧の始まりの時期や当時の状況について、はっきりした記録がないのは、これが軍事機密にかかわることだったからではないか。史料の不在を自説の根拠にするのは反則行為ではあるが、どこかの国の核兵器開発と同じく、水面下で着々と準備を進めるということは、軍事の世界では珍しいことではない。

織田信長は権力を笠に着て、名馬をかき集め、それをお披露目する大イベントまで挙行しているのに対し、家康は優秀な軍馬の育成を目指し、着々と巨大牧場の造営に向けて動いていたと思われる。信長が「馬の消費者」であるならば、家康は「馬の生産者」。それは二人の性格の違いであるとともに、尾張国と三河国の歴史と風土の違いであるともいえる。

家康が生まれた三河国は信濃国と接し、東日本の馬産地の西の端であるともいえる。馬に限ったことではないが、家康の精神構造や体質には、東日本的な要素が見える。それは江戸に政権の拠点が置かれた遠因かもしれない。

日本最大級の牧場が千葉県に出現した

一定の面積の土地における経済活動で、どれだけの収益をあげることができるか。そうした「土地生産性」の発想は、人間の歴史とともに古い。流行《はや》らない食堂の経営者が店を閉じて、その場所でコンビニ店のオーナーに転身すれば、「土地生産性」は向上する。

江戸時代、日本国内の馬の飼育頭数は百万頭を超えていた。古代にあったような希少価値は完全に失われたことになる。物流や農業における利用など、馬が活躍する場面は増えていったとしても、馬の産地に巨万の富がもたらされるような時代は遠く過ぎ去った。

古代からの馬産地であった関東でも、江戸時代の馬牧の記録はあまり見えなくなる。江戸の近郊では、馬を飼うより、コメや野菜を作ったほうが儲かったからだろう。「土地生産性」をめぐるわかりやすい話だ。その例外が、江戸幕府が千葉県北部に設置した巨大な放牧地である。

左ページの**地図4**は、幕府直営牧場の領域を示している。江戸時代半ばの地図をもとに、千葉県が復元したものだが、下総国（千葉県北部）の五分の一くらいを放牧地が占めている印象で、にわかに信じられないような広さだ。

下総地方の西のほうに小金《こがね》牧、東のほうに佐倉《さくら》牧があり、それぞれ五区画、七区画に分かれていた。牛も飼育されるなど、少し性格は異なるが、県南部にも嶺岡《みねおか》牧という幕府の牧があった。正確な統計がないのではっきりしないが、幕末期の飼育頭数は小金牧千頭、佐倉牧三千頭、嶺岡牧千頭と推計されている（大谷貞夫『江戸幕府の直営牧』）。

一か所あたりの飼育頭数でいえば、佐倉牧はこの時期、国内最大級の牧場である。ただ、東北、九州とは違って、江戸時代の千葉県には民間の馬牧がほとんど見えないので、純粋

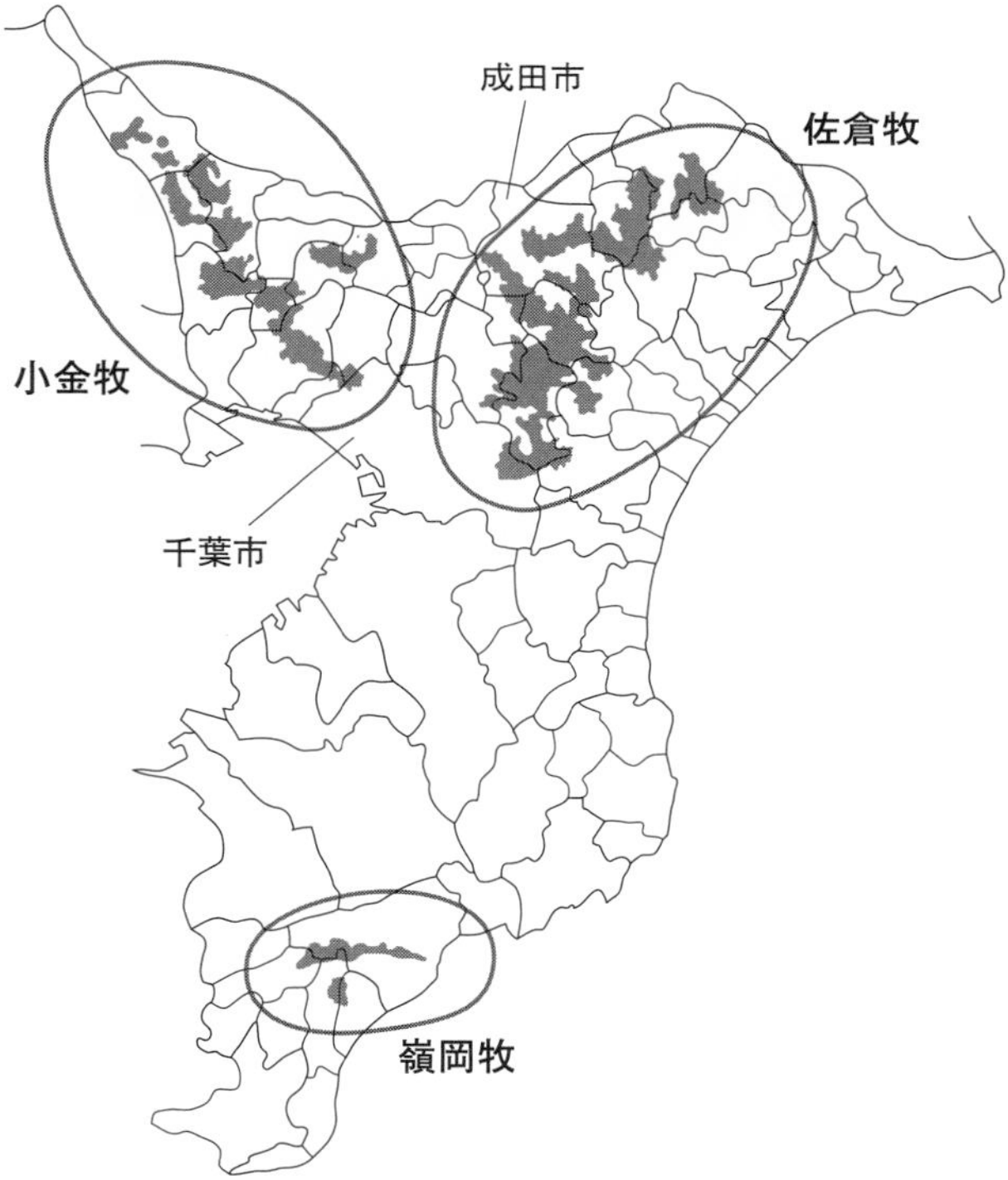

地図4　千葉県には三つの幕府の牧があった

地図上の灰色の部分が馬の放牧地。
『房総の近世牧跡』の地図をもとに作図。

富士三十六景・下総小金原

の馬産地とは言いがたいところがある。

現在、幕府馬牧の広大な跡地には、新京成線、東武野田線が走っているが、駅名を見ると、三咲駅、五香駅をはじめ、数字のついた駅名が多いことに気づく。明治時代、幕府の広大な牧が廃止され、農業地にする開墾を始めたとき、開墾の時期の順番で、数字の地名が十三まで付けられたからだ。

初富《はつとみ》（鎌ケ谷市）、二和《ふたわ》（船橋市）、三咲《みさき》（船橋市）、豊四季《とよしき》（柏市）、五香《ごこう》（松戸市）、六実《むつみ》（松戸市）、七栄《ななえ》（富里市）、八街《やちまた》（八街市）、九美上《くみあげ》（香取市）、十倉《とくら》（富里市）、十余一《とよいち》（白井市）、十余二《とよふた》（柏市）、十余三《とよみ》（成田市、多古町）。十三の数字地名が物語っているのは、馬が群れているだけで、地名のない原野がこれほど広がっていたことだ。

歌川広重の連作浮世絵「富士三十六景」に、「下総小金原」という牧の風景を描いた一作がある。馬の半身を前景に配した奇抜な構図で、遠方に小さな富士山が見える。広大な原野に生えている樹木はわずか二本。実景の正確な描写ではないとしても、下総台地にはこうした木の少ない草原が広がっていたのだろう。

江戸から成田や水戸に向かう街道に沿って、馬牧があったので、江戸時代の旅行記や文学作品にも題材を提供している。若草に背中をこする野馬《のうま》かな――。小林一茶が詠んだのは、のどかな牧の情景だ。

幕府直営牧場の遺構

新京成線の北初富駅も数字地名の駅のひとつ。駅から東南に約三〇〇メートルの場所に、「下総《しもうさ》小金中野《こがねなかの》牧跡」があり、国史跡に指定されている。広大な小金牧は五つの区画に分けられており、鎌ケ谷市のこのあたりは中野牧という区画だった。

こうした区画の牧ごとに、地元の住人が管理者に任命されていた。馬たちは天然の草だけを食べていたので、エサを与える必要はないが、飲み水の世話、草地の管理、死んだ馬や病気の馬がいないか監視する仕事があった。最もたいへんだったのは、一年に一度の「野馬《のま》捕《と》り」。広大な牧で暮らしている何百頭という馬を一か所に駆り集めて、幕府の役人が馬を吟味する。生まれて三年目の雄馬のうち、優良な馬は放牧地から離され、乗馬としての調教を受ける。このとき、民間に売却される馬もピックアップされ、それ以外は再び牧に戻される。

馬たちを追い詰めて、最後に誘導する施設を捕込《とっこめ》という。「下総小金中野牧跡」は小金牧跡地に残っている唯一の捕込の跡だ。ほぼ一〇〇メートル四方の広さが土手によって三区分されており、持ち出す馬、牧に戻す馬を分けて、一時的に置いておくスペースができていた。土手は三メートルから五メートルくらいの高さがある。

二〇一九年五月、鎌ケ谷市の主催でこの国史跡の見学会があり、私も参加させてもらった。千葉県各地の「野馬土手《のまどて》」について、学術的な調査や遺跡の保護だけでなく、地域住民にその歴史を知ってもらおうという取り組みが始まっている。鎌ケ谷市の見学会もその一環だという。

捕込の場所から四十分ほど歩くと、初富小学校の外周に沿って、約一二〇メートルの長さの「野馬土手」を見ることができる。二メートルくらいの高さに土を盛っているだけで、草が生え、木が茂り、そう言われないと気がつかないような遺構だ。同校の近くの稲荷前三叉路という信号の近くにも、アパートの敷地に沿って野馬土手が残されている。いずれも馬を水飲み場などに誘導するための比較的低い土手だ。

一方、人家や農地のあるエリアとの境界に設置される野馬土手には「壁」としての機能が期待されているので、空堀が設けられ、堀の底からの高さが四、五メートルくらいの土手もある。南柏駅から徒歩五分ほどの所にある「松ヶ丘野馬土手」は保存状態も良く、見学に適している。

古墳時代の牧は、急峻な山や崖などを「柵」の代わりとして、川や海岸線と組み合わせて牧の閉鎖空間をつくっていたと考えられる。下総にあった幕府の牧場はそうした自然地形よりも、人工的な構造物である土手のほうが目立っている。地域住民を労働力として動員し、その維持管理の責任も負わせていた。幕府という政治権力があってこそ実現した巨大な牧場であることがわかる。下総国にあった朝廷の牧や平将門、千葉氏の牧と重なる立地はあるだろうが、規模においても、運営方法においても別物と考えた方がよさそうだ。

見学会の日、私が歩いたのは小金牧の一区画（中野牧）の鎌ケ谷市部分だけだが、この区画だけでも、さらに松戸市、柏市などに広がっている。幕府の野馬牧場のとてつもない広大さが実感できた。この区画（中野牧）の多くは住宅地になっており、万単位の人が暮らしていると思うが、江戸時代、中野牧で飼育されていた馬はわずか三百頭。〝人口密度〟でいえば、ものすごくぜいたくな環境で暮らしていたように見えるが、自然放牧で馬を飼育するにはそれくらいの草原が必要であるそうだ。馬の自然放牧がいかに「土地生産性」

の低い産業であるかがわかる。

ただ、幕府は田畑や住宅を買い上げたり、召し上げたりして、放牧地を設定したのではない。無人の原野に馬を放ち、土手で囲ったのが、幕府直営の野馬牧場である。考えようによっては、遊休地の有効活用という一面をもっている。江戸時代を通して、放牧地を農地化する試みは続いており、総面積は次第に縮小している。

なぜ、日本の馬は去勢されなかったのか

幕末の慶応二年（一八六六年）、鎖国時代は終わり、西洋の文化がものすごい勢いで流入し始めたころ、横浜市の根岸に競馬場が開設され、外国人居住者らに娯楽を提供した。その場所は、現在、「馬の博物館」がある根岸森林公園の一画である。日本中央競馬会（JRA）が運営母体で、世界の馬、日本の馬について知ることのできる貴重な専門博物館だ。何度かコメントを紹介した末崎真澄氏が副館長を務めているのはこの博物館だ。

末崎氏によると、「日本の馬文化の特徴のひとつは、血統を管理して良い馬をつくるという飼育技術がなかったことです。それと関連して、去勢すなわち雄馬から生殖能力を奪うという技術も、日本には定着しなかった」という。古代以来、それなりの文明国であり

ながら、去勢の技術のなかった国は非常に珍しいそうだ。末崎氏は、「日本には中国、朝鮮と違って、去勢を施された官僚、すなわち宦官《かんがん》もいません。日本には、去勢を嫌う民族性があるようです」と文化的な背景を踏まえて、日本の馬文化を説明してくれた。

明治時代になって西欧文化が入ってくるまで、馬の去勢の習慣がなかったことは、日本の馬文化の後進性を語るとき、具体例として必ず指摘される。去勢されていない馬は気が荒く、調教しづらいだけでなく、馬どうしの喧嘩が多く、組織的な軍事行動ができない欠点がある。雄馬と雌馬が混ざっていると、発情期には収拾がつかなくなるので、戦場では雄馬しか使用されていなかった。

一九世紀末の清朝の末期、義和団事件という外国人排斥運動が起きたとき、欧米列強とともに日本軍も中国に出兵した。共同作戦に参加するためだったが、去勢されていない日本の馬は行軍を乱し、輸送のための貨物列車にも指示通りに乗れないなど、散々なありさまだった。日本の軍馬は、「馬のような恰好をした猛獣」であると揶揄されたのはこの時だ。陸軍の現場指揮官たちから去勢を求める意見が出て、明治三十四年（一九〇一年）、原則としてすべての雄馬を去勢する法律が公布された。

なぜ、日本には去勢の習慣が定着しなかったのか。それを日本の家畜文化の後進性と見なす従来の多数派に対し、武士の価値観に由来するという別の見解もある。従順で集団行動のできる馬よりも、野生の本能を残す、荒々しく、たくましい馬を武士たちは求めたというのだ。そのような荒馬を乗りこなすことが、武士としての技能の証明であり、プライドにも結びついていたという。私もこうした見解にリアリティを感じる。

宇治川の先陣争いとともに語りつがれる伝説的名馬「いけずき」を描写する「平家物語」の一文を、現代語訳で引いてみる。

佐々木四郎の賜った御馬は、黒栗毛の、よくふとったたくましい馬で、馬でも人でも見境いなく嚙《か》みついて、近よせなかったので、生食《いけずき》と名づけられたのである。(杉本圭三郎『全訳注　平家物語』九巻)

まさしく「馬のような恰好をした猛獣」だが、これは揶揄の言葉ではなく、最大の賛辞なのだ。武士が「いけずき」のような荒馬を理想としたのは、日本では統率された騎馬部隊による集団の戦いではなく、一騎打ちが重視されたからだともいわれている。

「日本の馬術は、古来、敵に嚙みつき、蹴ちらし、踏みつける、というような実戦的な個々の馬術であった」（坂内誠一『碧い目の見た日本の馬』）という指摘もある。馬は単なる乗り物ではなく、それ以上の戦闘能力が期待されていたということだ。

野馬とは何だったのか

江戸時代の著作『伯楽秘鑑』（足立利充）は原本が行方不明になっているようだが、全国二十三か所の馬産地について、的確な解説と率直なコメントがつけられており興味深い。全国の馬産地は、「野駒（野馬）」の産地と「里馬」の産地に二分されている。野馬の産地は、南部藩、薩摩藩、土佐藩、そして千葉県にあった二か所の幕府直営牧場だけである。『伯楽秘鑑』による馬の質の評価を見ると、最高ランクは南部藩の牧。千葉県にあった幕府直営牧場への評価は「良き馬は稀《まれ》なり」と辛口だ。

これらの「野馬牧場」では、武士のための馬を飼育することがとくに重視されている。いわば幕府直営、藩営の高級牧場で、共通点は広大な草原エリアに自然放牧されていること。これに対し里馬とは、自由な放牧ではなく、人里近くの比較的狭いエリアで飼育される馬のことだと考えられる。南部藩では藩営の牧の馬のことを野馬といい、民間の牧の馬のことを里馬といっているので、里馬のほうが格下であることは明らかだ。

野鳥、野草、野犬。こうした言葉の「野」は「野生の」という意味だから、江戸時代までの人たちが使っていた「野馬」という言葉を目にするとき、現代の私たちは「野生の馬」という印象をうける。しかし、「野馬飼い」は飼育方法の一つであり、しかも高級馬の飼育を目的としている。江戸時代の「野馬」という言葉を「野生の馬」と翻訳するのはまちがっている。

それでは、「野馬」の「野」とは何を意味するのだろうか。南部藩にあった九か所の藩営牧場の名称を見ると、木崎野、三崎野、大間野などいずれも「野」を語尾にもっている。薩摩藩の藩営牧場についても同様である。牧場の場所を示すとき、○○牧ではなく○○野と言っている。放牧地になるような無人の原野を日本語では「野」といい、そこで放し飼いされたのが「野馬」ということになる。

なぜ、武士用の馬の牧場で、野馬飼いのように粗放な飼育が採用されたのだろうか。先ほど見た家康の遺訓にあるように、長期間の戦陣のなかでも、気力、体力の衰えないタフな馬が求められたからだろう。ずっと後の八代将軍、吉宗のこととして以下のような記録もある。

幕府牧場とはいっても、見回りをしたり、牧の手入れをしたりするのは近隣の住民だったから、将軍様の馬ということで次第に過保護に傾き、良いエサを与えたり、病気になれば自分の家に連れて帰り、回復するまで面倒をみることもあったようだ。将軍吉宗はそれが良くないと言っている。

元よりの野馬にひとしくあつかふべし。(「徳川実紀」享保九年八月)

厳しい自然環境にさらし、自然淘汰にゆだね、強い個体を残すこと。野馬飼いの目的の一端がわかる一文だ。

「馬の日本史」のいつの時点で、野馬飼いのような粗放な飼育システムが、正統的な方法になったのかも不明だ。中国の記録に見えるのはもっと整然とした飼育方法だし、モンゴルには遊牧による伝統的な飼育技術がある。日本型の飼育システムの源流は、朝鮮半島にあると見る向きもあるが、今までのところ、その証拠は見出されていないらしい。

「野馬飼い」には去勢を用いず、ゆるやかに生殖を管理するという日本文化のメンタリティがうかがえる。雨風に負けず、自然の草だけで生きることのできる強健な馬。荒々しい野生の本能を持ち、戦場での一騎打ちで本領を発揮する馬。このような意味での強さをもつ馬を育てるという目的意識も感じられる。豊かな草原の広がりを前提とする「野馬飼い」は、武士社会の需要に適応した、きわめて日本的な飼育方法であった――と、ここまでの検討から言えるのではないだろうか。

河内源氏のルーツである羽曳野、近江源氏をはぐくんだ蒲生野、武蔵七党のいた日野そして武蔵野。ここまで馬の歴史とかかわる多くの地名を取り上げてきたが、こうした地名にみえる「野」は、野馬の「野」と無縁ではないだろう。日本列島には思いのほか多くの草原、すなわち豊かな「野」の広がりが存在した。そうした日本列島に特有の草原に適応し、繁殖した馬たち。その歴史はそのまま、江戸時代の野馬牧場につながっている。「野馬」という言葉そのものが、「馬の日本史」のみごとな要約である。

武士の歴史の終わりに草原風景を見る

東北北部に蝦夷がいたのと同じように、九州南部には隼人がいて、朝廷への反乱をくりかえしていたことはすでに述べた。隼人はその後、薩摩藩の武士の自称となり、「薩摩《さつま》隼人《はやと》」の言葉を定着させる。

幕末の動乱期、西郷隆盛をはじめとする「薩摩隼人」は、倒幕運動の中核に躍り出て、長州藩との提携によって、江戸幕府を追い詰めた。最後の征夷大将軍である徳川慶喜《よしのぶ》は、南の蝦夷ともいえる隼人の子孫を自称する人たちとの戦いに敗北し、政権の座を明け渡すことになった。古代から続く「征夷」、すなわち中央政府軍による辺境の民との戦いの結末には、とんでもないエンディングが待っていたという歴史理解もありうる。

明治維新という大変革の震源地が、日本列島の南の端、薩摩国であったことについても多くの議論がある。九州南部には列島有数の火山性草原が広がり、武士の文化の濃厚な土地柄だ。本稿の視点でいえば、薩摩土着の武士たちは縄文的な狩猟民の嫡流であり、古代の騎馬戦士であった隼人の末裔である。

薩摩藩と同盟し、倒幕勢力のもうひとつの中心となった長州藩。鎌倉幕府で将軍頼朝の側近であった大江広元の子孫が、現在の広島県に定着し、戦国大名の毛利氏につながっている。大江氏は本来、朝廷の官僚であり、広元も京都から鎌倉に移住し、幕府の官僚組織の元締めのような地位にあった。大江氏は土師《はじ》氏という古代氏族が平安時代に改姓した一族だが、菅原道真を輩出した菅原氏も同じ土師氏からの改姓氏族なので、大江氏と菅原氏は同族関係にある。ともに多くの文人を輩出している学者的な公家だ。

藩祖の毛利元就は華々しい戦闘ではなく、〝知能犯〟めいた策略で着々と勢力を拡大した戦国武将だ。長州藩の志士たちが過度に理屈っぽいのも、学者貴族を先祖にもつ毛利氏の歴史に由来するようにみえる。

毛利氏が拠点とした広島県をはじめとして中国地方は、黒ボク土がきわめて少なく、縄文以来の狩猟文化の気配は希薄だ。典型的な弥生文化圏である。薩長と並べられるが、その気風はまったく異なっている。明治時代になって、何かと対立するのも当然だろう。

西郷隆盛が指揮する新政府軍が江戸を目指して行軍するとき、関西、東海の武士はほとんど無抵抗だった。江戸城は無血開城され、いまの上野公園あたりで小競り合いのような戦いがあっただけで、場面は東北での戦いに移ってゆく。新政府軍に立ちふさがったのが東北地方の武士だった。奥羽越列藩同盟である。

幕末の戦いにおいて、幕府直属の旗本、御家人の存在感は薄い。国民的な記憶となっているのは、近藤勇、土方歳三ら新撰組の面々の奮戦のほうだ。新撰組は幕府に仕える武士ではなく、剣術にすぐれた町人、農民や浪人が中心メンバーだった。土方歳三は榎本武揚ら幕臣の部隊と合流し、函館の五稜郭における戦いで最期を遂げている。

第三章で東京都日野市をとりあげたのは、そこが武蔵七党と呼ばれた武士団の本拠地であるとともに、平安時代の朝廷の馬牧の候補地であるからだ。武蔵野と呼ばれる原野は、馬牧の適地であり、それを背景とした武士文化を育てた。

日野市は土方歳三の出身地でもあり、高幡不動尊金剛寺は土方の菩提寺だ。新撰組がまだ存在しないころ、仲間たちとともに境内で剣術のけいこをしていたと伝わっており、この寺の境内を歩くと、土方歳三の像が目に入る。

高幡不動尊に立つ
土方歳三の像

日野市が新撰組マニアの〝聖地〟となっているのは、土方歳三の出身地であるからだが、それだけではないと思う。武蔵野と多摩丘陵には、戦後昭和期になっても広大な未利用地があった。原野が切り拓かれ、多摩ニュータウンをはじめとする巨大な住宅地が造成されるとき、おびただしい縄文遺跡が発見された。縄文人が好んだこの地は馬の放牧地となり、武士の時代へと連続している。そうした武蔵野の歴史の全体こそ、新撰組を生みだした風土なのだと思う。その風土が新撰組マニアをひきつけるのかもしれない。

近藤勇が宗家を継ぎ、土方歳三も学んだ天然理心流剣術は、棒術、柔術などの技法をふくむ総合武術だが、現在も東京の多摩地方で継承されている。武蔵国もその地名にふさわしく「武」の伝統の濃厚な土地であり、土方歳三たちの戦闘能力と闘争心は、武蔵七党の歴史を無視しては考えがたいものだ。最後の力を振り絞るように戦ったのは、江戸幕府の旗本、御家人ではなく、武蔵野に生まれ育った民間の剣士だった。土方歳三は江戸時代の階級社会における武士ではないが、武蔵野がはぐくんだ関東武士の意地を見せた。

薩摩、東北、関東平野の武蔵野。武士の歴史における最後の戦いの背後には、荒涼たる原野、縄文時代から日本列島の一部であった草原の風景が見えてくる。馬の歴史。武士の歴史。草原の歴史。この三つが重なり、交わるところに、この国の歴史のもうひとつの中心が見える。

成田空港——「馬の日本史」を記憶する場所

明治維新のあと、千葉県にあった幕府の馬牧のほとんどは廃止され、農地にすべく、大規模な開墾が始まった。幕府の崩壊によって、大名家や旗本などに仕えていた江戸の住民が失職し、治安の悪化をもたらしていたため、その対策という意味もあった。世に言う

「東京新田」である。のちに財閥に成長する三井家も参画する大事業だったが、黒ボク土と水不足の台地を農地化する事業は困難をきわめ、たびたびの計画変更を余儀なくされた。

十か所ほどあった幕府の馬牧のうち、成田市にあった取香牧《とっこう》（佐倉牧の一区画）だけが残され、ほかの牧からここに移された馬もいたが、「野馬牧場」としての歴史は明治十年代で終わっている。明治以降の取香牧は、新政府の国営牧場となり、ヒツジを飼育するなど、畜産試験場のような役割を担った。サラブレッドの飼育も始まったので、成田市のこの一帯には民間の競走馬牧場が点在することになる。江戸時代の放牧地の一部が、競走馬牧場として残ったと言った方がいいかもしれない。

所管官庁がたびたび変更されるが、宮内庁の所管になってからは「御料牧場《ごりょうぼくじょう》」の名で公園的な性格も加わり、桜の名所としても親しまれていた。その敷地を中核地として新しい国際空港が建設されることになり、一九六九年（昭和四十四年）、牧場は閉鎖された。その場所には「三里塚御料牧場記念館」が建てられ、江戸時代からつづく牧場の歴史を伝えている。明治時代の建物が残され、ノスタルジックな雰囲気はあるが、周囲はアスファルトにおおわれ、草原の面影を探すことは不可能だ。

取材に行ったとき、御料牧場記念館の次に向かったのは競走馬の牧場として有名なシンボリ牧場だった。地図を見ると、成田空港のすぐ近くなので、足を延ばしてみたのだ。

成田空港第三ターミナルの近くにある一般道路への出口は、シンボリ牧場とは正反対にあったため、地図上の距離よりずいぶん遠く感じたが、飛行場の外周を巡り、一時間ほど歩くと、黒ボク土の畑の先に牧場があった。日が沈みかけた時刻だったが、陸上競技場くらいの広さの牧場に五頭の馬が見えた。

成田空港の敷地には、江戸時代の馬牧の遺構である「捕込《とっこめ》」や野馬土手があったが、空港建設工事で消滅している。三万年前の旧石器時代の石器もまとまって発見されている。千葉県では最古級の遺跡だ。縄文時代の竪穴住居跡も見つかっている。

公共工事で歴史的価値のある遺跡が発見され、開発か保存かをめぐる社会的な議論が展開されたのは、八〇年代に入ってからで、佐賀県の吉野ヶ里《よしのがり》遺跡、青森県の三内丸山《さんないまるやま》遺跡などの事例がよく知られている。成田空港の敷地は、旧石器、縄文時代の遺跡でもあるが、江戸時代の幕府直営の馬牧の、最後のひとつだった取香牧が牧場として継承されているという歴史的な価値があった。近代的な牧場として改変されていたが、野馬土手、捕込など、江戸時代の景観は残っていた。

成田空港に重なる牧場の歴史は建設工事とともに発見されたわけではないので、吉野ヶ里、三内丸山と単純な比較はできないが、現在の基準から言えば、開発か保存かを議論するにふさわしい、歴史的な価値があったと思う。徳川家康の時代にさかのぼるともいわれる「将軍の牧」の跡地であり、欧米の畜産技術を取り入れる窓口の役をになった「近代遺産」の一面も併せもっていた。約四百年に及ぶ、国家管理の牧場としての歴史をもっていたのだから、世界的にも貴重な場所だったのではないだろうか。

千葉県教育委員会が江戸幕府の馬牧の遺構を網羅的に調査し、『房総の近世牧跡：県内遺跡詳細分布調査報告書』としてまとめたのが、二〇〇六年のことだ。地元でさえ、幕府の馬牧への関心が高まってきたのは近年のことだと聞く。「将軍の牧」は、その価値が知られるようになる前に消滅してしまった。

成田ニュータウンの公津原《こうづはら》古墳群、龍角寺《りゅうかくじ》古墳群など、成田市やその周辺にはおびただしい数の古墳があり、千葉県が前方後円墳の最も多い県であることを実感できる。旧石器時代、縄文時代、古墳時代、江戸時代。人びとの活動をいまに伝える数々の遺跡がこの地には見える。成田山新勝寺という関東を代表する不動尊信仰の聖地でもある。日本には「草原の国」としての一面があり、水田稲作の歴史とは異なる、独自の歩みがあったことを下総台地は物語っている。

成田空港の外周は高い壁に囲われているが、ところどころ、ガラス越しに飛行機の発着する滑走路が見えるようになっている。マンションや一軒家が建ち並ぶ、新京成線や東武野田線の車窓の風景に、馬の群れる草原を思い描くのはとても難しいが、成田空港の滑走路をぼんやりながめていると、江戸時代の野馬牧場が見えてくるような気がした。国際空港の存在は住宅地としての開発を難しくしており、周辺地域には競走馬の牧場や黒ボク土の畑が広がっている。人間の姿があまり見えないせいか、江戸時代の牧の気配が残っているように感じられた。江戸時代の野馬牧場を懐古するのに、最もふさわしい場所は成田空港かもしれない。

あとがき

日本史のなかの「馬」に着目した論考は少なからず発表されていますが、本書にオリジナリティがあるとしたら、火山列島の風土とむすびついた「草原の国としての日本」という視点から、馬をめぐる歴史を検討したことだと思います。その結果として、縄文時代から話を展開することになりました。くりかえし申し上げたとおり、「草原の日本史」は縄文時代に始まっているからです。本書は縄文時代そのものをテーマとする著作ではありませんが、縄文文化がその後の日本社会にもたらした影響の広がりと深さについて、従来の議論とは違った視点からアプローチできたのではないかと思っています。

タイトルは日本史の本であることをうたっているのに、地理学、地質学めいた話題が思いのほか多くなってしまい、読む方を戸惑わせたのではないかと心配しています。少し大げさに表現するならば、列島各地の地質や地形、植生、気象にも目を配った「大地の歴史学」です。日本列島と朝鮮半島との関係、幕府と朝廷の対立も、「草原の国としての日本」

という視点から解釈できるのではないかというアイデアを提示させていただきました。

新聞記者として山梨県で勤務していたころ、東京都の隣接県であるにもかかわらず、あまりにも東京と異なる地理的条件、人の気質に強い印象をうけるとともに、火山的風土のなかで展開された独自の歴史があることに気がつきました。この本の全体を貫く「風土と産業」というテーマは、二十年以上まえの山梨県で知らず知らずのあいだに考えていたことにつながっています。個人の希望とは無縁の転勤であることは、多くの企業と同じで、当時は不満たらたらだったのですが、この本のアイデアの「種」をもたらしてくれた二年間に今は感謝しています。

ところで、私の母方の名字を大和田といい、江戸時代は信州・小諸藩に仕える下級武士だったのですが、幕末に近いころ、藩校で馬術と算術の教師をしていたといいます。現代の高校でいえば、体育の先生が数学も教えているような珍妙な光景ですが、二万石以下の小さな藩ですから、そんなこともあったのでしょうか。私はその先祖の遺伝子を受けついでおらず、体育も数学もからっきしダメなのですが、馬術師範が先祖にいることは幼少のころから気になっていました。その深層心理がこのような本を書く遠因になったのかもしれません。第三章で取り上げた望月牧は御牧ヶ原台地にあって、小諸藩の領地と重なっているのですが、江戸時代のころは馬牧としての実態をまったく失っていたようです。

この本の企画ができたあと、資料を読み込み、関係する土地を歩いたうえで、専門家に疑問をぶつけるという方法で取材を進めました。本編で紹介した各分野の専門家の皆さまからのご教示がなければ、この本を書きあげることはできませんでした。この場を借りて、ご協力いただいた皆さまに改めて感謝を申し上げます。

担当の編集者は、前作『邪馬台国は「朱の王国」だった』に引き続いて、稲田勇夫さんです。私と稲田さんはそれぞれ日本列島の西の端、南の端の県で育ったのですが、そうした地方出身者の視点を盛り込むこともできたのではないかと思っています。日本列島における変革のエネルギーはいつの時代も、都から遠く離れた地方で爆発しています。この本を書きあげ、改めてそのことを痛感しています。

個人で運営しているブログに、馬の歴史にかかわる記事や写真を掲載していますので、併せてご覧ください。 桃山堂ブログ http://motamota.hatenablog.com
読んでいただいてのご感想、ご意見など、著者宛のメールでお寄せいただければありがたいです。momoyamadokamachi@gmail.com

主要参考文献

■馬の歴史についての文献

朝鮮総督府殖産局『朝鮮の農業（第六章「畜産」・第二節「馬」）』（一九二四年版）※ネット公開
宮本茂ほか『都井の野生馬』（九州観光新聞社、一九七八年）
秋田優「岬馬の生態：都井岬の野生馬たち」（『宮崎県文化講座研究紀要』、二〇一三年）
千葉県教育振興財団編『房総の近世牧跡：県内遺跡詳細分布調査報告書』（二〇〇六年）
大谷貞夫『江戸幕府の直営牧』（岩田書院、二〇〇九年）
青木更吉『小金牧を歩く』（崙書房出版、二〇〇三年）
松下邦夫「下総牧と馬」（房総の牧研究会『房総の牧』2号、一九八四年）
群馬県立歴史博物館編『海を渡って来た馬文化：黒井峯遺跡と群れる馬』（二〇一七年）
横浜市歴史博物館編『横浜の野を駆ける：古代東国の馬と牧』（二〇一九年）
入間田宣夫、谷口一夫編『牧の考古学』（高志書院、二〇〇八年）
津野仁『日本古代の軍事武装と系譜』（吉川弘文館、二〇一五年）
古代交通研究会『馬がつなぐ古代社会』（学会発表資料、二〇一九年）
東北・関東前方後円墳研究会『馬具副葬古墳の諸問題』（学会発表資料、二〇一七年）
山梨県埋蔵文化財センター発掘調査報告書『塩部遺跡』（一九九六年）※ネット公開

群馬県埋蔵文化財調査事業団調査報告『白井遺跡群　古墳時代編』(一九九七年)
盛田稔「蝦夷時代における七戸地方について」(『中世糠部の世界と南部氏』所収、高志書院、二〇〇三年)
戸崎晃明「日本在来馬の系統解析」(『馬の科学』40号、競走馬総合研究所、二〇〇三年)
木村李花子『野生馬を追う：ウマのフィールド・サイエンス』(東京大学出版会、二〇〇七年)
坂内誠一『碧い目の見た日本の馬』(聚海書林、一九八八年)
鈴木純夫『過去と現在そして未来の日本在来馬』(自費出版、二〇一九年)
江上波夫『騎馬民族国家：日本古代史へのアプローチ』(中公新書、一九六七年)
『騎馬文化と古代のイノベーション』(角川文化振興財団、二〇一六年)
諫早直人「騎馬民族論の行方」(北條芳隆編『考古学講義』所収、ちくま新書、二〇一九年)
『日本馬政史』(一～五巻、帝国競馬協会、一九二八年)
『馬と日本史』(一～四巻、馬事文化財団、一九九三～一九九五年)
菅江真澄『菅江真澄遊覧記3』(江戸時代の著作、内田武志、宮本常一・編訳、平凡社、一九六七年)
龍山堂主人『厩馬新論』(江戸時代の著作、『江戸時代庶民文庫：「江戸庶民」の生活を知る61』所収、大空社出版、二〇一八年)
『産駒地名録』(江戸時代の著作、『古事類苑』所収)
足立利充『伯楽秘鑑』(江戸時代の著作、原本は行方不明、『馬と日本史　四巻』に一部転載)
J・エドワード・チェンバレン『馬の自然誌』(築地書館、二〇一四年)

Élise Rousseau, "Horses of the World" (Princeton University Press 2017)
Deanne Stillman, "Mustang : The Saga of the Wild Horse in the American West" (Mariner Books 2009)
四條畷市史編纂委員会『四条畷市史　第五巻（考古編）』（二〇一六年）ほか、関連の市町村史、県史。

■日本列島の草原、黒ボク土、地理・地質についての文献

早川康夫「古代馬牧：河内、信濃16牧の立地と馬産供用限定地への発展」（『日本草地学会誌』、一九九五年）※ネット公開
鳥居龍蔵『武蔵野及其有史以前』（磯部甲陽堂、一九二五年）※ネット公開
阪口豊「黒ボク土文化」（『科学』一九八七年六月号、岩波書店）
渡辺真紀子「黒ボク土の生成と農耕文化：とくに放牧との関わりについて」（『お茶の水地理』31巻、一九九〇年）※ネット公開
藤原彰夫『土と日本古代文化：日本文化のルーツを求めて――文化土壌学試論』（博友社、一九九一年）
小椋純一『森と草原の歴史：日本の植生景観はどのように移り変わってきたのか』（古今書院、二〇一二年）
須賀丈ほか『草地と日本人：日本列島草原一万年の旅』（築地書館、二〇一二年）
湯本貴和編『野と原の環境史：シリーズ日本列島の三万五千年――人と自然の環境史　第2巻』（文一総合出版、二〇一一年）

山野井徹『日本の土：地質学が明かす黒土と縄文文化』（築地書館、二〇一五年）
加藤真「原野の自然と風光：日本列島の自然草原と半自然草原」（『エコソフィア』18号、二〇〇六年）
貝塚爽平ほか編『日本の地形4　関東・伊豆小笠原』（東京大学出版会、二〇〇〇年）
松島信幸『伊那谷の造地形史：伊那谷の活断層と第四紀地質』（飯田市美術博物館調査報告書3、一九九五年）

■土壌、地理についてのウェブサイト情報

「日本土壌インベントリー」（農研機構のサイトで提供している日本列島の土壌データ。スマホアプリ「e土壌図Ⅱ」もある）
https://soil-inventory.dc.affrc.go.jp
「火山国ニッポンと土壌肥料学」（農研機構の元研究員、小野信一氏が、黒ボク土を克服した農業技術の歴史を解説）
http://www.naro.affrc.go.jp/archive/niaes/magazine/103/mgzn10306.html
「大地を眺める」（札幌学院大学のサイトで、小出良幸教授が関東平野の成り立ちを解説）
http://geo.sgu.ac.jp/geo_essay/2005/10.html

蒲池明弘（かまち　あきひろ）

歴史ライター。1962年、福岡県生まれ。小学校から高校までは長崎県在住。早稲田大学卒業後、読売新聞社に入社、東京本社経済部、甲府支局などで勤務。中途退社後、桃山堂株式会社を設立し、歴史や神話にかかわる出版、著述活動をはじめる。単著に『火山で読み解く古事記の謎』『邪馬台国は「朱の王国」だった』（ともに文春新書）、共著に『火山と日本の神話』『豊臣秀吉の系図学』（ともに桃山堂）など。

メール　　momoyamadokamachi@gmail.com

ブログ　　http://motamota.hatenablog.com

文春新書

1246

「馬《うま》」が動《うご》かした日本史《にほんし》

2020年1月20日　第1刷発行

著　者　　蒲　池　明　弘

発行者　　大　松　芳　男

発行所　株式会社　文　藝　春　秋

〒102-8008　東京都千代田区紀尾井町3-23

電話（03）3265-1211（代表）

印刷所　理　想　社

付物印刷　大日本印刷

製本所　大　口　製　本

定価はカバーに表示してあります。

万一、落丁・乱丁の場合は小社製作部宛お送り下さい。

送料小社負担でお取替え致します。

©Kamachi Akihiro 2020　　Printed in Japan

ISBN978-4-16-661246-8

本書の無断複写は著作権法上での例外を除き禁じられています。

また、私的使用以外のいかなる電子的複製行為も一切認められておりません。